moda sob medida

Guia prático de moda para a vida real

Fotografias: Rodrigo de Anda
Edição e Preparação de Texto: Adalberto Luís de Oliveira
Coordenação de Revisão: Luiza Elena Luchini
Revisão de Texto: Janaina Lira, Kimie Imai
Projeto Gráfico e Editoração Eletrônica: Manuela Ribeiro
Capa: Manuela Ribeiro

Editora Senac São Paulo
Rua 24 de Maio, 208 - 3º andar - Centro - CEP 01041-000
Caixa Postal 1120 - CEP 01032-970 - São Paulo - SP
Tel. (11) 2187-4450 - Fax (11) 2187-4486
E-mail: editora@sp.senac.br
Home page: http://www.livrariasenac.com.br

Dados Internacionais de
Catalogação na Publicação (CIP)
(Jeane Passos de Souza - CRB 8ª/6189)

Ferraz, Danielle
Moda sob medida: guia prático de moda para a vida real / Danielle Ferraz, Penha Moraes - São Paulo : Editora Senac São Paulo, 2017.

ISBN 978-65-5536-286-2 [Venda internacional]

1. Moda feminina I.Moraes, Penha. II. Título.

17-582s CDD-391.2
BISAC DES005000
CRA009000

Índice para catálogo sistemático:
1. Moda feminina 391.2

DANIELLE FERRAZ
PENHA MORAES

moda sob medida

Guia prático de moda para a vida real

EDITORA SENAC SÃO PAULO – SÃO PAULO – 2017

sumário

nota do editor

Em nossa sociedade, nunca a mulher foi tão livre para vestir o que deseja! De looks ousados e despretensiosos a uma produção mais sofisticada, essa liberdade configura muitas vezes uma profunda angústia sobre o que vestir!

Sob a escolha "do que vestir", deparamos com uma questão mais sutil sobre o que nos "cai bem" – a questão parece ser a mesma, mas não é. Saber o que "cai bem" supõe certo grau de consciência de quem se é. E essa consciência começa pelo reconhecimento e pela aceitação do próprio corpo, o que permitirá fazer uso da linguagem da moda a nosso favor. E esta é a proposta de Danielle Ferraz e Penha Moraes: mostrar como se compõe essa linguagem.

Porque, no final das contas, roupa é isso: uma estampa! E a composição de um look revela quem o sustenta!

Lançamento do Senac São Paulo, *Moda sob medida: guia prático de moda para a vida real*, além de funcionar como um consultor de moda – ajudando a compor looks para diferentes situações da vida moderna –, tem ainda um diferencial mais que desejado: é dedicado à mulher "comum", não à da passarela, produzida para a apresentação de novos looks. Fotos de moda feitas com mulheres "reais" mostram como pessoas de diferentes padrões de peso e de medidas podem estar na moda sendo realmente o que são. Essa forma de apresentar-se ao mundo tende a suprimir as ambiguidades nas relações sociais, possibilitando autoconfiança, maior autoestima e realização pessoal.

prefácio

A vida digital e o excesso de imagens que ela produz revelam também, neste começo do século XXI, quanto a moda se consolidou como a mais legítima expressão de personalidade e de liberdade que alguém pode ter, desejar ou conquistar.

Sem nenhuma intenção de predizer o futuro, é um caminho que parece irreversível. No vasto vocabulário da "democracia contemporânea da roupa" e da diversidade de comportamentos humanos, agora pode-se tudo.

É justamente essa chance rara e extraordinária de uma liberdade irrestrita no guarda-roupa, reflexo da sociedade interconectada e ultratecnológica, que faz as pessoas – às vezes perplexas com tantas possibilidades – se atrapalharem e se perderem, já que poucos sabem realmente quem são, do que gostam ou o que lhes cai bem.

Daí a relevância do livro que você tem em mãos. Ao sistematizar pontos fundamentais sobre os mecanismos e as infinitas possibilidades da moda, o empenho e a pesquisa de Danielle Ferraz e de Penha Moraes ficam evidentes nesta publicação. *Moda sob medida: guia prático de moda para a vida real* traz referências históricas, citações das mais pertinentes, informações atualíssimas tratadas com cuidado jornalístico e a dose certa de didatismo para compartilhar o que é indispensável sobre o melhor repertório do aprendizado fashion.

COSTANZA PASCOLATO
Empresária, jornalista e consultora de moda, integrante da Academia Brasileira de Moda

Aos meus pais, Luiz e Mariana,
que me deram asas como principal acessório.

Ao meu marido, Fernando, e aos meus filhos, Leonardo,
Lorenzo e Barbara, que me impulsionaram a voar.

DANIELLE FERRAZ

Ao Moacyr, meu colega de profissão e companheiro na vida, por ter acreditado na minha vocação antes de mim mesma. Aos meus filhos, Veridiana, Tiago e Gabriela, por terem se orgulhado do meu ofício até mesmo quando ele me obrigava a estar longe deles. Ao meu neto Guilherme, com um pedido: cultive sempre sua bela alma de artista. A todos os profissionais de minhas várias equipes, pelo muito que me ensinaram. E em especial a você, amiga e parceira, Danielle Ferraz: seu entusiasmo e seu empenho transformaram este livro em realidade.

PENHA MORAES

"Precisamos mais da moda do que das roupas,
não para cobrir nossa nudez,
mas para vestir nossa autoestima."

COLIN MCDOWELL,
Fashion today

apresentação

Este livro foi idealizado, planejado e escrito por dois cérebros, quatro mãos e um só coração. Ele é resultado de nossas experiências profissionais (juntas, somam sete décadas), do conhecimento adquirido (nos livros, no trabalho, na vida) e da amizade que nos une (nosso afeto de amigas já completou 20 anos). Se você deseja nos conhecer melhor antes de mergulhar neste manual, vá para as últimas páginas e leia nossas histórias em "Quem somos".

Para que nossa conversa se desse de forma mais solta, escrevemos o livro como se fôssemos uma única pessoa, pois assim o texto fluiria mais facilmente, como num bate-papo sem compromisso, tomando um café, um chá ou um copo de vinho – você escolhe o brinde ao nosso encontro. Tim-tim!

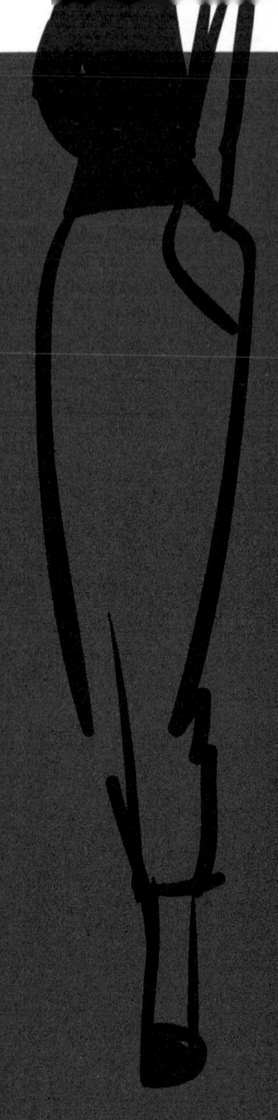

a moda a seu favor

Na minha jornada como consultora de moda, encontrei inúmeras mulheres em verdadeiras camisas de força, disfarçadas nos chamados "looks do dia". Todas seduzidas por cópias de visuais de catálogos (e produções usadas por blogueiras) ou, ainda, escravizadas pela necessidade de ostentar logotipos de grifes para se sentirem confiantes e seguras. E das mais humildes às de mais alto poder aquisitivo, embora tivessem outras opções para vestir, permaneciam presas às singularidades de seus corpos – invariavelmente vistas com lentes de aumento e consideradas defeitos!

Ah, quão libertador é aprender a traduzir nossa essência por meio de como nos vestimos e nos apresentamos ao mundo! Despe-se a "camisa de força", abandona-se a necessidade de ostentar grifes ou cópias do look de alguém que, certamente, não tem nossa personalidade nem nosso biótipo. Descobrimos por fim a liberdade de nos vestirmos de nós mesmas.

Com a experiência adquirida em consultoria de moda pessoal, minha missão neste livro será ajudá-la a revelar quem você é pelas roupas que usa; ajudá-la a transmitir sua mensagem utilizando a linguagem das roupas. Sim, porque as roupas falam, e a perspicácia do poeta Carlos Drummond de Andrade consagrou essa linguagem: "A roupa não é só cartão de visita, é carta aberta para ser lida até por analfabetos".

Este livro deseja ser seu consultor de moda de cabeceira, auxiliando-a a reescrever sua "carta de apresentação" segundo seu estilo – pessoal, único, singular. Não em 10 lições – isso seria impossível! Mais do que regrinhas, nascidas ao sabor dos modismos, vamos falar de comportamento, consumo e estilo de uma forma prática, e que faça sentido em sua vida.

Se você deseja usar a moda a seu favor, otimizar seu guarda-roupa (sim, repetir roupa é chique!), investir mais em qualidade e fazer seu estilo evoluir ao longo da vida, este livro será seu companheiro a partir de agora: pode levá-lo para sua cabeceira.

DANIELLE FERRAZ

o direito de escolher

O que você está vestindo hoje? Calça? Pois, acredite, faz menos de um século que conquistamos o direito de usar essa peça aqui no Ocidente (no Oriente, a história foi outra). Quando Coco Chanel começou a fazer (e a usar) roupas mais soltas e confortáveis, introduzindo paralelamente a calça no guarda-roupa feminino, foi chamada de "louca" – talvez porque a liberdade das mulheres fosse mesmo uma loucura para os padrões machistas da época. E isso não faz tanto tempo assim: foi na década de 1920.

A partir de Coco, conquistamos o direito de escolher. Os vestidos longos, de cinturas justas, cederam lugar às mais variadas modelagens, comprimentos e propostas: a moda nunca mais seria a mesma após o gatilho disparado pela visionária *mademoiselle* Chanel.

Com o surgimento do prêt-à-porter (pronto para vestir), após a Segunda Grande Guerra, e a democratização cada vez mais acelerada da moda, passamos a dispor de um verdadeiro "supermercado" de estilos.
Ao longo das últimas décadas do século XX, fui testemunha ocular dessa democratização inserida no jornalismo de moda a partir de 1978, assisti ao florescer vigoroso do mercado de vestuário no Brasil e à ampliação da oferta de peças à nossa escolha.

Exatamente em razão da diversidade atual, hoje outras questões se apresentam: o que escolher? Como? O que cai bem em mim? O que posso usar no trabalho? E nas férias? E numa festa casual chique? E se o convite pedir esporte fino?

Este livro se propõe a ser seu consultor de moda, ajudando-a a construir visuais para as mais diferentes ocasiões, que expressem exatamente quem você é. Ele também deseja inspirá-la a tirar (finalmente!) as etiquetas das lojas daquelas peças compradas e nunca vestidas. Veja como usar o que já possui, coordenado com novas e inteligentes aquisições – feitas levando em conta não apenas as tendências da moda, mas seu tipo físico, suas atividades, sua maneira de ser. Prepare-se: com mais informação, você terá segurança para traduzir seu estilo a partir da roupa. E, seja lá qual for a sua tradução, lembre-se: nada é tão fashion quanto um belo sorriso ao retratar a elegância da alma.

PENHA MORAES

"A moda afeta a atitude da maioria das pessoas em relação a si mesmas e aos outros."

LARS SVENDSEN,
Moda: uma filosofia

a moda é comportamento

Recentemente estive num casamento de amigos na França. Uma recepção nos jardins de um castelo próximo à cidade de Le Mans, conhecida pelas seculares muralhas romanas e por sua famosa competição automobilística. Quem já não ouviu falar das 24 Horas de Le Mans? Às vésperas da viagem, fui tomada por grande expectativa: como estariam vestidas as convidadas da festa, que prometia toques cinematográficos?

A cerimônia estava linda, a noiva esplendorosa, noivo e padrinhos corretíssimos. E as convidadas? Para minha surpresa e (devo confessar) decepção, quase todas vestidas como se fossem para o escritório. Muitos blazers e paletós de ombreiras enormes – num *revival* da década de 1970, fortemente marcada pelas conquistas femininas no mercado de trabalho. Nos dias atuais, a adoção do estilo masculino de vestir é portadora da mensagem do neofeminismo francês (movimento vigoroso no momento), escrita em letras garrafais com o alfabeto da moda. Como no passado, reafirma ao mundo que os dois sexos podem perfeitamente se ombrear (sem trocadilhos), isto é, igualar-se em qualquer circunstância.

Esse é apenas um exemplo da moda como retrato expressivo e revelador do comportamento social.

Em 2000, a rede de TV inglesa BBC produziu um documentário chamado *Zoológico humano* (*The human zoo*), mostrando a atitude das pessoas diante das mais diferentes situações. Em um trecho do documentário, um ator bonitão surgia deitado na escadaria de uma estação de trem, mas em duas condições distintas. Na primeira delas, ele estava de terno e gravata, e na segunda, de jeans, malha e gorro. O que você acha que aconteceu?

O prejulgamento das pessoas diante das aparências veio à tona. Quando o ator vestia terno, seis segundos foram suficientes para transeuntes chegarem até ele e perguntar se estava tudo bem. Já na segunda cena, o ator bonitão foi totalmente ignorado. Inconscientemente "lemos" as pessoas segundo sua vestimenta. Ao verem um homem de terno deitado na escadaria, imediatamente julgaram tratar-se de alguém a caminho do trabalho e que não se sentira bem... Na segunda situação, imaginaram (imaginaram!) estar ali simplesmente um desocupado. Ora, não se pode passar mal usando jeans e gorro?

Diversos testes semelhantes a esse já comprovaram: sim, julgamos pela aparência. Pode soar horrível, mas a maneira como nos trajamos afeta a imagem que o outro faz de nós. E não se trata de um prejulgamento intencional, mas de uma atitude inconsciente. Nada a ver com "roupa chique", ou de marca, nem mesmo se estamos ou não usando as últimas tendências da moda. E sim com o fato de o visual "falar" sobre quem o usa, narrar quem essa pessoa é – por fora e por dentro. Mas a narrativa cada um de nós é quem constrói. Portanto, escolha como "cartão de visita" peças que valorizem seu corpo e, sobretudo, traduzam sua alma. Isso tornará mais clara e fácil sua comunicação com o mundo. Deixe a roupa falar por você.

COMO TUDO COMEÇOU

Você já ouviu falar em pinturas rupestres, aquelas feitas nas paredes das cavernas pelos humanos primitivos? Pois inúmeras delas mostram que cobrir o corpo com peles de animais como proteção (do frio e das intempéries em geral) parece ser tão antigo quanto o homem. O desconforto de tais "indumentárias" – que cobriam partes e descobriam outras – levou os humanos a tentarem diferentes formas de amaciar o couro para torná-lo maleável e, assim, ser cortado, modelado e... costurado. E aí surge a agulha, "um dos maiores avanços tecnológicos da história do homem, comparável em importância à invenção da roda e à descoberta do fogo", segundo o historiador inglês Laver em seu livro *A roupa e a moda: uma história concisa* (1996, p. 10).

Enquanto os habitantes das regiões geladas resolviam seus abrigos usando peles e couros, os das áreas de clima temperado experimentavam transformar fibras animais (lãs) e vegetais (como cascas de árvores) nos ancestrais dos tecidos, nascidos com a invenção do tear. O velo (pelo tosquiado de animais como ovelhas, alpacas, lhamas, vicunhas, etc.) era fiado e depois tecido. Esse material grosseiro, rústico e cru deu origem às primeiras roupas. O processo não foi nem tão simples, nem tão rápido quanto você pode imaginar a partir das pinceladas desse texto. Ao contrário, exigiu séculos e ocorreu de diferentes maneiras nas inúmeras culturas dos agrupamentos humanos.

Nos grupos primitivos, "fechados", praticamente tribais, o traje permaneceu inalterado ao longo do tempo, sem variar de matéria-prima nem de modelagem. A "era dos costumes", em que a tradição e o passado ditavam as normas da vida em grupo, inclusive as do vestir, foi um dilatado período da história, estendendo-se das primeiras civilizações, como as da Mesopotâmia (assírios, babilônios, caldeus, sumérios) e do antigo Egito, até o fim da Idade Média. Ufa! Foram séculos e mais séculos!

A "era dos costumes" fez jus ao ditado popular que certamente você conhece: "cada roca com seu fuso, cada povo com seu uso". As mulheres assírias casadas (em torno de 1200 a.C.), por exemplo, eram obrigadas a usar véus. Na Pérsia (atual Irã) os homens e as mulheres vestiam calças, confeccionadas de lã, linho ou da mais pura seda chinesa, às quais tinham acesso graças à Rota da Seda – caminho percorrido pelas caravanas de mercadores que então cruzavam o território habitado pelos persas. No Egito empregava-se o linho, nunca a lã (considerada impura, como as demais fibras animais), e homens e mulheres envergaram o mesmo tipo de túnica por quase quinze séculos. Na Grécia, ambos os sexos usavam o quíton (o dos homens até os joelhos o das mulheres até os tornozelos), formado por retângulos de tecido, drapeados e presos ao corpo por broches e cordões. Em Roma, o traje masculino – a toga e a túnica – persistiu, com mínimas variações, dos tempos mais remotos até o fim do Império Romano.

Nos anos de 1400, o comércio floresceu na Europa, as cidades cresceram, as navegações marítimas se desenvolveram. Tudo isso influiu na formação de grandes fortunas, dando chance ao surgimento de uma alta burguesia ansiosa por se igualar à nobreza, aparentar poder, fidalguia, e pronta para quebrar as "leis suntuárias", segundo as quais os plebeus não podiam se vestir como os nobres. A transgressão era grave, passível até de prisão! Dá para imaginar?

Paralelamente, a transformação dos agrupamentos humanos em sociedades abertas às trocas comerciais, ao trânsito livre de informações, ideias, hábitos e comportamentos produziu a atmosfera ideal para que o fenômeno da moda viesse ao mundo. Você já deve ter concluído o óbvio: os nobres (às vezes mais esnobes que a própria realeza) ficaram muito aborrecidos com as cópias de seus trajes pelos novos ricos! Na verdade, não apenas negaram aos burgueses endinheirados as boas-vindas ao topo da pirâmide social, como passaram a buscar novos tecidos, formas originais, adereços inusitados capazes de mantê-los não só diferentes, mas bem distantes de seus imitadores. Uma guerra de classes sem derramamento de sangue, silenciosa, quase sutil, mas ainda uma guerra. E, quanto mais buscavam se diferenciar, mais eram copiados. E assim, surgia a moda. Embora lentamente, isso se repetiu por séculos, e acabou por incluir entre os "copiadores" a pequena burguesia, menos endinheirada que os riquíssimos burgueses, mas igualmente ansiosa por subir na escala social. E a "era da moda" substituiu a "era dos costumes".

Entre saias, anáguas, crinolinas, anquinhas e espartilhos, o vestuário das mulheres significou, ao longo da "era da moda", a exaltação da feminilidade, e uma forma de submissão às regras estabelecidas por esses ciclos de criação e cópia: os famosos ditames da moda. Sob os vestidos e quilos de anáguas, nossas antepassadas permaneceram sufocadas por espartilhos. E essa dupla – vestidos supervolumosos sobre espartilhos e armações – era a única (e dolorosa) opção do vestir feminino. Muitas chegaram mesmo à morte, perfuradas pelas afiadas barbatanas feitas com ossos de baleia, utilizadas para manter a estrutura das cintas, verdadeiros instrumentos de tortura a escravizar nossas ancestrais. Simbolicamente, ao impedir a liberdade de movimentos, esse vestir refletia a prisão da qual pouquíssimas mulheres escapavam.

Você já deve ter visto em algum filme de época: no decorrer do século XIX, alfaiates confeccionavam para os homens e costureiras, para as mulheres. Nos lares menos privilegiados, costurava-se em casa – toda mulher aprendia a fazer a própria roupa, bem como a de toda a família. Na realidade, a moda chegou ao século XX ainda como privilégio das classes abastadas. Em 1857, o inglês Charles Frederick Worth inaugurou na Rue de La Paix, em Paris, o seu "salão de moda", onde as criações brotavam de seu talento e imaginação, e não de eventuais escolhas das clientes. Worth instituiu o conceito de alta-costura, que acabou por se transformar em sinônimo de moda. No início dos anos 1900, a moda parisiense reverenciava Paul Poiret, defensor de uma nova estética para a roupa da mulher que excluía o espartilho, dando liberdade ao corpo sob peças leves e fluidas. Mas a Primeira Grande Guerra acabou não apenas com a paz mundial como turvou o brilho da carreira de Poiret.

Coube a uma chapeleira e costureira, nascida no interior da França (educada num orfanato após a morte prematura da mãe), revolucionar a alta-costura no pós-guerra com suas criações despretensiosas, práticas, simples, mas de extremo bom gosto. Coco Chanel ascendeu socialmente por meio de seus relacionamentos amorosos dispostos a financiar seus sonhos: inicialmente uma loja de chapéus, depois boutiques em cidades frequentadas por ricos e famosos, como Biarritz e Deauville. Peças confortáveis, funcionais, modelos inspirados no vestuário masculino, como calças compridas (que ela própria usava com frequência, emprestadas do guarda-roupa de seus "amantes", como então se dizia); os vestidos estilo *chemise*, a insubstituível *petite robe noire*, mãe do nosso pretinho básico de hoje; a utilização de tecidos maleáveis como o jérsei (antes empregado apenas para confeccionar roupas esportivas ou peças íntimas), o uso do bege como "cor ícone", a criação de bijuterias – tudo isso compõe o vasto legado de *mademoiselle* à moda. Chanel, embora fazendo trajes caríssimos destinados à alta burguesia, sentia prazer com o "elogio da cópia" sempre que suas criações eram reproduzidas por mulheres de menor poder aquisitivo. Paralelamente, e mesmo após Coco Chanel, outros nomes mantiverem o brilho e o refinamento da alta-costura, como Christian Dior (o criador do New Look em 1947, nos duros tempos que se sucederam à Segunda Grande Guerra), além de Pierre Balmain, Jacques Fath, Hubert de Givenchy, Yves Saint Laurent, entre outros.

O grande fenômeno do pós-guerra, entretanto, foi o prêt-à-porter, o *pronto para vestir*. Em 1949, na França, o prêt-à-porter inaugura um novo conceito: o de se inspirar nas tendências do momento, produzindo-as em escala industrial, com bons tecidos, cuidados no corte e no acabamento, distinguindo-se dos artigos até então produzidos por confecções, sem qualquer estilo e de qualidade duvidosa. O prêt-à-porter foi o grande responsável pela democratização e posterior massificação da moda, tornando-a acessível aos diversos extratos sociais. Para garantir o estilo das marcas, os industriais do *pronto para vestir* foram em busca do talento e do trabalho dos estilistas de moda. Num movimento inverso, e de olho no consumo crescente, os mestres da alta-costura passaram a lançar suas linhas de prêt-à-porter. Nasciam as grifes, as marcas e o embrião da moda tal como ela chegou ao século XXI: como uma linguagem por meio da qual cada uma de nós conta a própria história, um conjunto de símbolos que usamos para mostrar quem somos – e essa é, sem dúvida, a razão de estarmos juntas agora nas páginas deste livro.

A MODA HOJE

Se no decorrer do século XX a moda evoluiu, transformou-se e conquistou preciosos consumidores graças especialmente ao prêt-à-porter, no alvorecer do século XXI, novas e decisivas influências floresceram. E a rede mundial de computadores, a internet, é sem dúvida a mais poderosa delas: a web possibilitou o surgimento dos blogs de moda.

A palavra blog – formada pelo *b* de web (termo que, em inglês, significa rede) e *log* (diário) – pode ser traduzida como "diário da rede", que designa um site capaz de ser atualizado rapidamente.

A partir do momento em que pessoas de fora dos círculos fashion começaram a fotografar gente comum na rua, bem como a postar tais imagens na internet, os blogs se transformaram no instrumento de democratização e popularização da moda. Alguns ganharam fama e se consagraram, como o Facehunter, surgido em 2005, e o Cobrasnake, que posta fotos de festas (nascido em 2004, como Polaroid Scene).

O chamado "street style", ou estilo da rua, apresenta-se, hoje, como um termômetro revelador dos anseios dos indivíduos, sendo capaz de influenciar largamente nas tendências a serem escolhidas e trabalhadas pelos estilistas e industriais de moda em suas coleções. Nos dias que correm, uma tendência pode nascer e ser revelada em qualquer lugar do mundo – é necessário apenas ter a sensibilidade de captá-la e lançá-la o mais rapidamente possível.

Além de mídia para o street style, os blogs também serviram para que pessoas comuns, amantes da moda, expressassem suas opiniões e mostrassem suas "produções", postando imagens dos chamados "looks do dia". O sucesso alcançado pelas blogueiras mostrou, entre outras coisas, que as mulheres se identificam com "pessoas normais". Fica mais fácil "se ver" usando aquela roupa, espelhar-se naquele visual, naquele look, concorda? De blogueiras a modelos foi um pulo! Das telinhas dos computadores, tablets e smartfones elas saltaram para as capas das revistas femininas.

Influenciados pela força da moda da rua, pela necessidade de mudanças cada vez mais rápidas e pelo anseio de identificação das consumidoras com "gente como a gente", os estilistas vêm revelando sintomas de mudanças, algumas radicais. Em um de seus desfiles, Jean Paul Gaultier não hesitou em incluir modelos das várias etnias, além de mulheres "normais" de todos os manequins. E não parou por aí: colocou na passarela noivas maduras e até grisalhas, nem por isso menos deslumbrantes.

Sem qualquer preconceito, marcas como Dolce & Gabbana e Céline escolheram senhoras com mais de 70 anos para recentes campanhas. Essa "abertura" assinada pelas grifes consagradas dá espaço para que a beleza não se limite a um único padrão. E como moda é comportamento, e precisamos dela não para vestir nosso corpo, mas, sim, nossa autoestima, essa nova atmosfera vai ajudar a nós, mulheres, a nos sentirmos melhor e mais seguras – ainda que estejamos com alguns quilinhos a mais ou tenhamos cabelos brancos. Afinal, a beleza não é exclusividade dos jovens de 20 anos, além de não se limitar apenas a determinado peso, altura ou cor.

CÓDIGOS DO VESTIR: INFLUÊNCIAS SOBRE AS ESCOLHAS

Com certeza, você já folheou um álbum de família e deu boas risadas com o visual de seus parentes em fotos de algumas décadas atrás, jovens tão diferentes dos adolescentes atuais. Do cabelo de seu pai, à moda dos Beatles, ao look de sua mãe, "enfeitado" por acessórios à la "viúva Porcina" – personagem ícone, interpretada por Regina Duarte em Roque Santeiro, novela de sucesso nos anos 1980. Assim, a moda está intrinsecamente ligada aos acontecimentos socioeconômicos e culturais das diferentes épocas, como bem ressalta essa frase atribuída, no mundo da moda, a Chanel: "A moda não é algo presente apenas nas roupas. A moda está no céu, nas ruas, a moda tem a ver com ideias, com a maneira como vivemos, com o que está acontecendo". É um reflexo de seu tempo.

As exuberantes criações apreciadas nas passarelas resumem desde uma boa dose de sonho e glamour – para amenizar as asperezas de uma época de crise, por exemplo – até a influência cultural do momento – seja ela de astros do cinema, da música, do esporte, seja ela, hoje, até das redes sociais. Mas são as referências pessoais e o estilo de vida as determinantes responsáveis por escolher o que tirar das passarelas e trazer para a vida real.

A música que a gente curte, os filmes e shows que assistimos, nossas leituras, os lugares que frequentamos, o que vemos nas redes sociais – tudo isso compõe nosso *mood board* (painel de referências), suficientemente forte para influir no modo como nos vestimos, mesmo quando não temos consciência disso. E aqui mora o perigo: se absorvemos todos os estímulos sem colocar em questão quais deles têm a ver, ou não, com a gente (física, emocional e intelectualmente), nos tornamos vítimas da moda. O resultado é um guarda-roupa abarrotado, a sensação constante de não ter nada para vestir e, com frequência, o desconforto com a própria aparência – pelo simples fato dessa aparência não refletir quem realmente somos.

Como afirma o sociólogo Guillaume Erner, em seu livro *Vítimas da moda?*, "só existe uma pessoa suficientemente forte para nos levar a seguir a moda: nós mesmos" (ERNER, 2005, pp. 26-27). Quando nos conscientizamos das múltiplas influências a nos bombardear todos os dias, e nos sentimos dispostos a questionar quais, dentro do vastíssimo "supermercado" de ofertas, realmente fazem sentido para nós, atingimos o grande objetivo: deixamos de apenas seguir a moda para construir nosso estilo.

A MODA COMO FORMA DE EXPRESSÃO

Já ouviu alguém dizer "não estou nem aí pra moda!"? Pois sou obrigada a contradizer: mesmo que se queira, isso é impossível! O ato cotidiano de nos vestirmos liga-nos intrinsecamente à moda: e ela nos oferece a possibilidade diária de fazer escolhas capazes de revelar ao mundo um pouco sobre nós sem articularmos uma única palavra.

"A moda é uma proposta da indústria. O estilo é uma escolha pessoal", resumiu sabiamente a consultora de moda Glória Kalil em seu livro *Chic: um guia básico de moda e estilo* (1996, p. 11). E a cada escolha passamos uma mensagem sobre nós mesmas. A mensagem pode ser confusa se nosso exterior não combinar com quem a gente é de fato. Quão melhor quando nossas escolhas estão sintonizadas com nossa essência: economiza-se o tempo e a energia de despir a "fantasia" para revelar quem de fato está por trás da máscara.

Estilo é usar a moda para falar de e sobre você. Sua personalidade, seu jeito, seu biótipo precisam ser respeitados na hora da escolha. Quando você consegue olhar para si mesma antes de vislumbrar a tendência, fica fácil tomar decisões. Estilo é selecionar apenas as criações feitas "sob medida" para suas características físicas e psicológicas. Se você olhar uma peça na vitrine e seu primeiro pensamento for "nossa, é a minha cara", pode estar certa: nesse momento a moda deixa de ser coletiva, transformando-se em forma de expressão pessoal – a sua expressão. Quando você e a moda se reconhecem, quando ela ganha a sua cara, você passa realmente a ter um estilo.

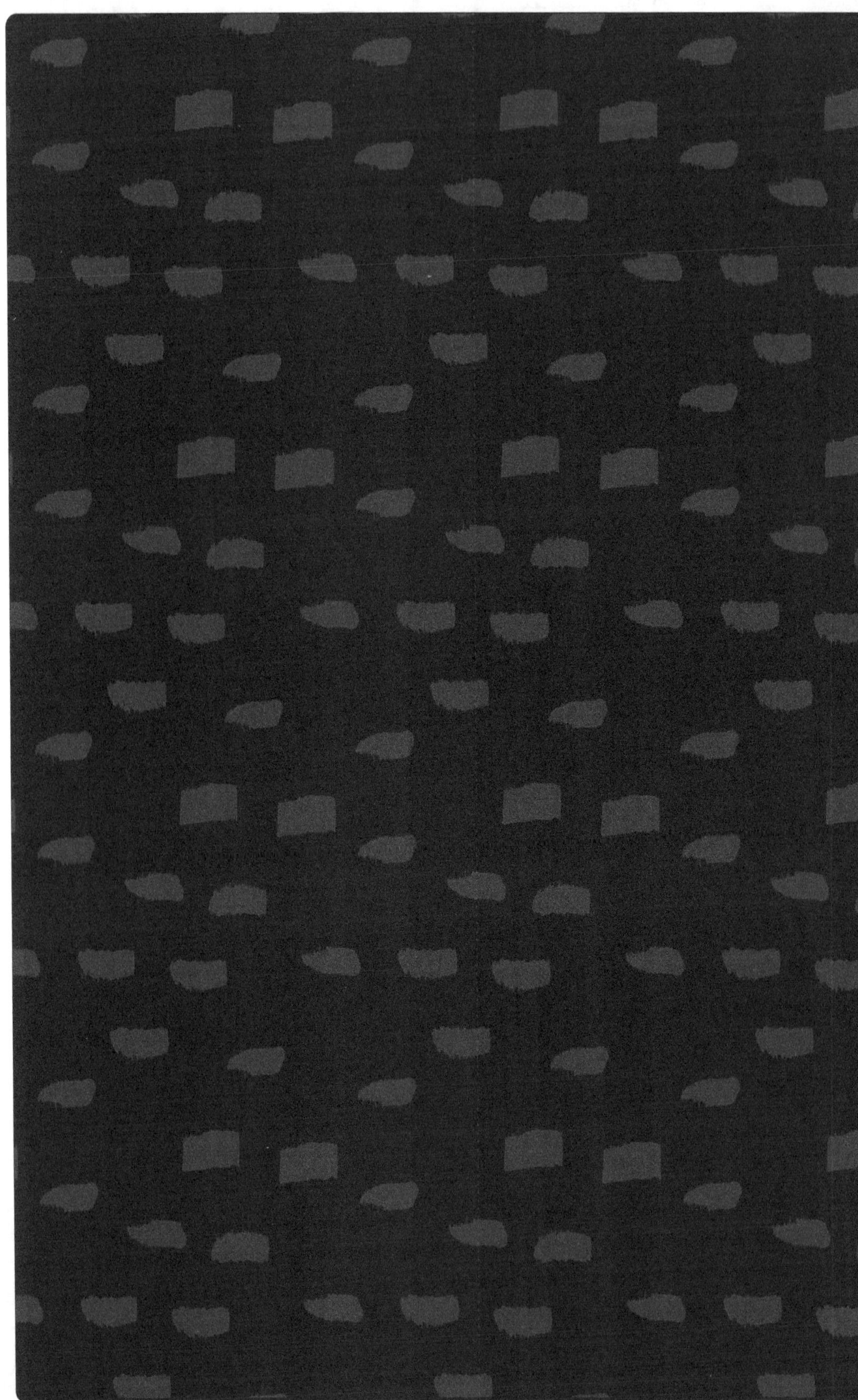

"A moda passa, mas o estilo fica."

COCO CHANEL,
em François Baudot,
Chanel

estilo é escolha

Sempre há uma amiga capaz de nos impressionar com seu estilo. Ao escrever, já me lembro de uma. Ela não é "da moda", nem tem biótipo de modelo – é baixa e gordinha. Mas domina como poucos a técnica de se valorizar e de se expressar por meio do modo como se veste. Estilo é isso: usar a linguagem da moda para expressar nossa personalidade.

Estilo se aprende. Não vem no nosso pacote de "características genéticas", felizmente! E é aprimorado na prática. A começar pelo exercício diário diante do espelho, selecionando com coragem e sinceridade tudo o que "faz bem" ao nosso corpo e dispensando aquele modismo incrível da vitrine, mas que, infelizmente, é péssimo para a nossa silhueta (acontece com todo mundo, garanto!).

Para ganhar estilo também é preciso olhar para dentro. Seu estilo deve refletir você! O seu melhor, claro, porque estilo também evolui. Quer ver?

Era uma vez uma menina do interior. Um dia foi selecionada para fazer parte do elenco de um popular programa de TV, o *Big Brother*. Lá foi ela carregando as malas que não continham nada capaz de alçá-la à categoria de ícone fashion – mas, depois de algum tempo, foi exatamente isso que ocorreu! Já sabe de quem estou falando? Sim, Grazi Massafera! A atriz se dispôs a aprender como se expressar e se valorizar por meio da moda. Encontrou o equilíbrio entre sensualidade e sofisticação; deixou para trás os excessos e se tornou unanimidade no quesito elegância – o que, pode ter certeza, vai muito além da beleza, ou do dinheiro. Aliás, quantas mulheres lindíssimas você já viu nas páginas das revistas ostentando grifes caras e derrapando na elegância? Repito: mais do que olhar vitrines, a observação interior é o grande segredo da compreensão e da evolução do estilo. A roupa deve valorizar nosso corpo e revelar nossa alma.

Eu a convido a escrever sobre si própria, usando roupas e acessórios – quando bem manejadas, tais "ferramentas" vestem não só o corpo, mas a *autoestima*. Transformação, no dicionário, significa "mudança de forma, metamorfose"; já lapidação quer dizer "aperfeiçoamento". A ideia é aperfeiçoar seu estilo, não a transformar em alguém que não seja você.

DESCUBRA QUAL SEU TIPO FÍSICO E COMO VALORIZAR SUAS FORMAS

"A moda é como a arquitetura, pura questão de proporções." A afirmação atribuída a Coco Chanel faz todo o sentido: cada modelagem promove um efeito em nosso corpo e, assim, com as escolhas certas, é possível equilibrar e valorizar cada silhueta.

E sabe por que nem sempre a gente se valoriza? Muitas vezes, a visão que temos do nosso corpo é distorcida. Nos atemos a padrões de beleza irreais e focamos no que consideramos imperfeições. Ou, simplesmente, não refletimos a esse respeito: nos olhamos no espelho, mas evitamos um olhar analítico sobre as proporções do nosso corpo e como valorizá-lo.

Vamos fazer um teste? Pegue papel, lápis e desenhe sua silhueta, suas proporções, da forma como você se vê. Juntamente com uma amiga, analise o desenho diante do espelho. Você tem o quadril largo como desenhou? Seus ombros são estreitos? Você é realmente dona dessa barriguinha?

Sempre faço esse teste em palestras, e me impressiona a crueldade do nosso olhar sobre nós mesmas. Um corpo violão, típico do biótipo da brasileira, geralmente ganha uma lente de aumento na região do quadril: e só dá ele no desenho! Esse tipo de visão alterada limita o nosso vestir e, pior, reduz nossa autoestima. Enxergar seu corpo como de fato é, sem exagerar defeitinhos, significa o primeiro passo para ganhar estilo e fazer as compras certas.

Costumamos trabalhar com cinco biótipos: ampulheta (curvilíneo, com cintura fina, ombros e quadris proporcionais); triângulo invertido (tronco mais largo do que o quadril); triângulo (ombros estreitos e quadril largo); retângulo (ombros, cintura e quadril em bloco) e oval (mais arredondado). Claro, existem variações dessas silhuetas, mas elas nos dão um bom parâmetro. Compare seu desenho e veja com qual delas você mais se identifica.

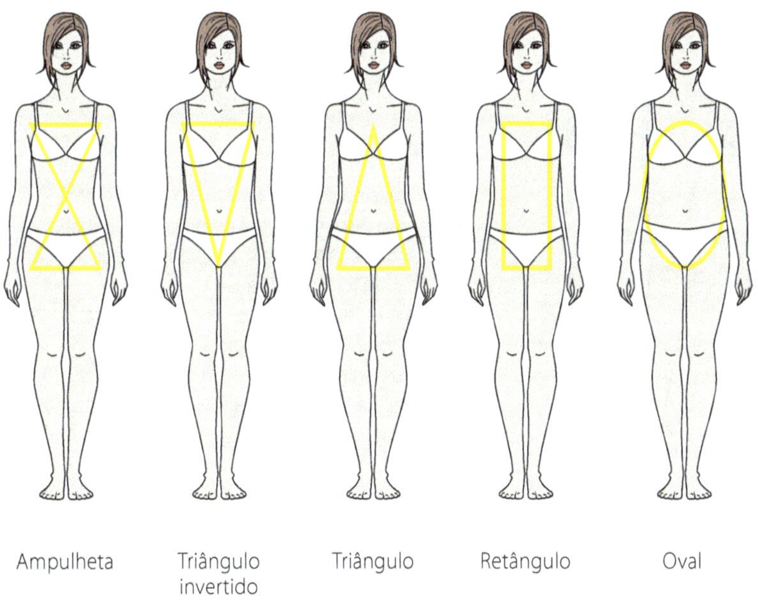

Ampulheta | Triângulo invertido | Triângulo | Retângulo | Oval

O segredo para valorizar sua silhueta é NÃO dar mais volume a áreas naturalmente volumosas. Parece óbvio, mas não é. Muitas vezes, os escorregões na vida real e nos tapetes vermelhos se devem justamente a modelos responsáveis por acrescentar centímetros extras onde eles são dispensáveis. Assim, modelagens e detalhes que aumentam o volume não combinam com quadris largos. Vamos às dicas mais específicas para cada biótipo.

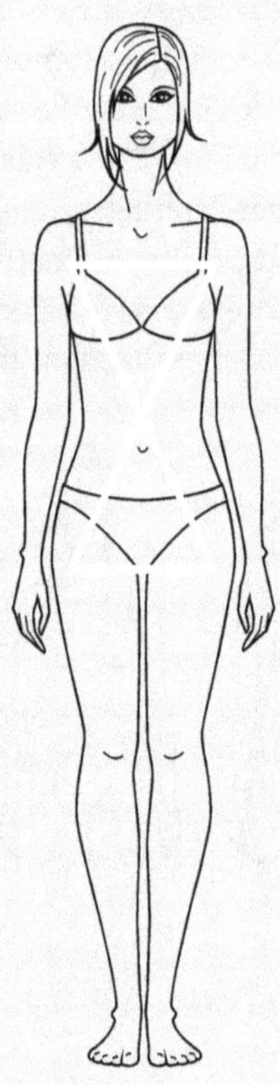

Ampulheta

Objetivo: valorizar as curvas de maneira elegante

As formas do famoso corpo "violão" por si só são cheias de sensualidade. Valorizá-las sem deixar o look vulgar é o desafio que as curvilíneas "ampulhetas" têm pela frente, pois tudo nelas pode ganhar um ar sexy. O segredo para equilibrar sensualidade e elegância? A lei da compensação, ou seja, dosar comprimentos, decotes e formas ajustadas intercalando-os na produção, e não usar tudo-ao-mesmo-tempo-agora!

Dicas

- ➜ Use decotes que deixam o colo à mostra com discrição.
- ➜ Modelagens próximas ao corpo, mas nunca muito justas ou marcantes.
- ➜ Abuse de modelagens acinturadas para valorizar a cinturinha.
- ➜ Cuide para não tornar maiores regiões generosas por natureza (como busto ou quadril).

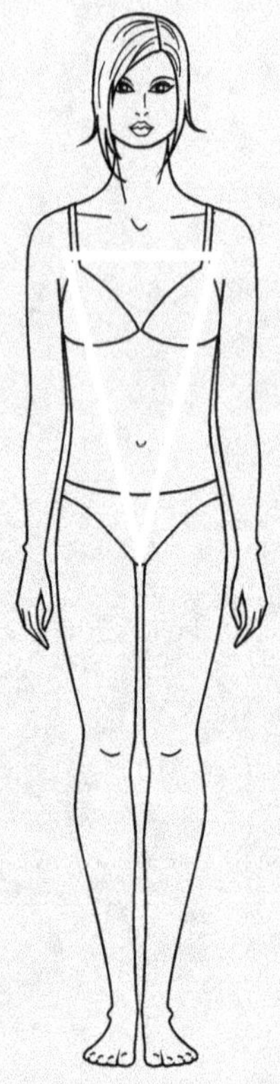

Triângulo invertido

Objetivo: ressaltar a feminilidade e equilibrar as curvas

Ombros mais largos do que o quadril: esse é o biótipo triângulo invertido. Regra básica: evite chamar atenção para a região dos ombros com ombreiras; mangas bufantes; ou decotes como o ombro a ombro. Usar calças e saias mais largas, ou retas, mostra-se um bom truque para equilibrar a silhueta.

Dicas

- Reserve as modelagens e os detalhes que geram volume para a parte inferior do corpo.
- Calças largas, pantalonas, bolsos laterais e saias evasê ajudam a equilibrar a silhueta.
- Suavize o tronco mais largo com blusas de tecidos molengas (que não criam volume) e decotes em V estreitos e profundos para dar leveza e alongar. Acessórios que criam uma linha vertical, como lenços ou colares longos, também são boas opções.

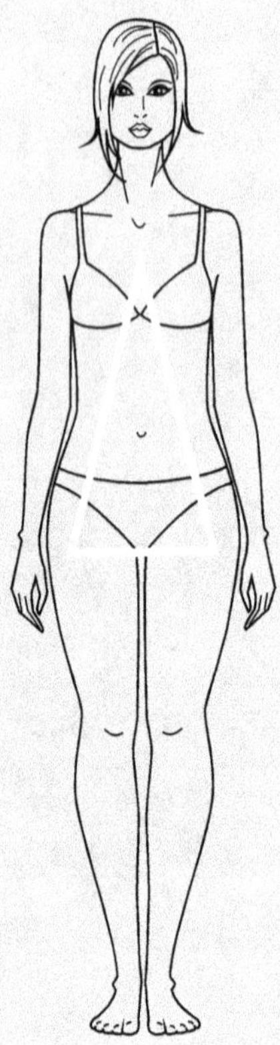

Triângulo

Objetivo: equilibrar o tronco e tirar o foco do quadril

Chamamos de triângulo o corpo mais estreito em cima e mais largo no quadril – o biótipo mais comum da mulher brasileira (mas pode não ser o seu, viu?). Para disfarçar o quadril, vale atrair os olhares para o tronco, e abusar de calças e saias de cortes retos com o dom de equilibrar a parte inferior. Muito importante: na hora de comprar roupa, baseie-se no quadril, não na cintura! Escolha a peça de bom caimento no quadril, com uma folguinha para não ressaltá-lo, e mande ajustar a cintura se necessário.

Dicas

- ➜ Recorra a detalhes que dão efeito de ombros mais largos, como decotes ombro a ombro e mangas volumosas.
- ➜ Evite peças justas – elas ressaltam o quadril – assim como pormenores e informações que evidenciem essa área.
- ➜ Jogue com as cores e estampas: destaque a parte de cima do corpo, e prefira cores mais sóbrias na parte debaixo. Mas lembre-se: esse truque só funciona se as modelagens forem adequadas a esse biótipo.

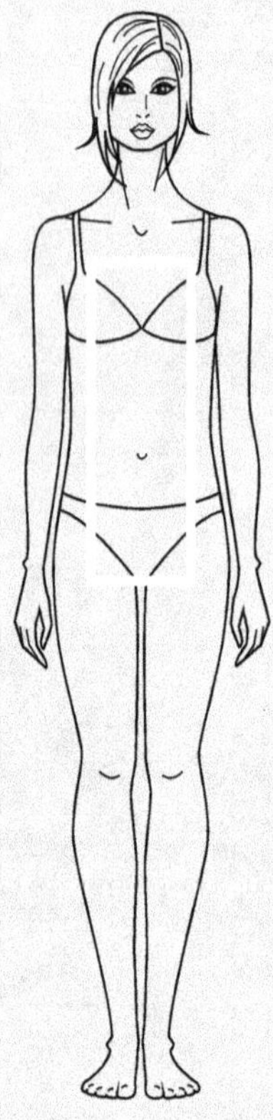

Retângulo

Objetivo: provocar efeito de silhueta mais curvilínea

Já reparou no corpo das esportistas? Mais magras ou atléticas, muitas têm em comum a silhueta na qual ombro, cintura e quadril dão a impressão de estar alinhados. Quase sempre a cintura é tímida, promovendo esse aspecto retangular. Para virar o jogo, basta investir em produções responsáveis por sugerir um corpo mais curvilíneo, dando efeito de cinturinha: vale usar ilusões ópticas de cor (como um vestido com faixas laterais em outro tom), modelos que acinturam (como o vestido-envelope) e acessórios (cintos e faixas). Recursos não faltam!

Dicas

- ➜ Modelagens acinturadas, recortes laterais e jogo de cores dão efeito de cinturinha.
- ➜ Use sobreposições de peças ajustadas, como blazer, e inclusão de cintos nos looks.
- ➜ Detalhes capazes de acrescentar volume aos ombros ou ao quadril (como mangas ou bolsos faca) ajudam a dar um efeito de silhueta mais curvilínea.

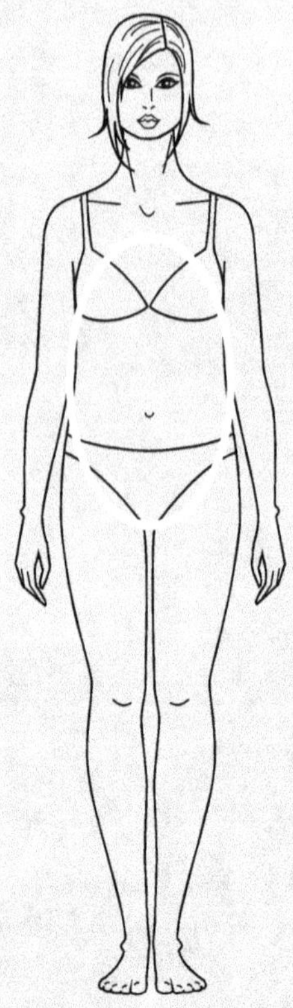

Oval

Objetivo: deixar a silhueta mais esguia

Ao tipo físico mais "cheinho" chamamos de oval. A proposta para esse biótipo está em usar recursos "alongadores" da silhueta – e fugir de tudo o que dê volume. Os cortes retos, que delineiam sem marcar, devem ser os preferidos para qualquer peça. Looks que desenhem o corpo, reforçando a cintura, também são indicados.

Dicas

- Decotes em V alongam o colo.
- Os modelos não devem ser ajustados nem acrescentar volume (prefira os retos ou evasês).
- Tecidos fluidos, que criam movimento sem marcar ou dar volume são bons companheiros tanto para blusas como vestidos.
- Cintos finos, ou do mesmo tecido da peça, ajudam a criar o efeito de "cinturinha".
- Evite volumes extra (como babados, pregas, drapeados), assim como peças largas demais (dão a impressão de corpo maior).

A HORA E A VEZ DO PLUS SIZE

Uma amiga me ligou num sábado pedindo ajuda: precisava encontrar o look apropriado para importante reunião de trabalho na segunda-feira. Propus irmos juntas ao shopping, matávamos a saudade e eu a ajudaria na escolha. Mas, ao nos encontrarmos depois de tanto tempo, percebi sua maior dificuldade: encontrar a roupa apropriada para o evento e que vestisse bem seu manequim plus size.

Como consultora de moda, escuto inúmeras reclamações sobre as modelagens pequenas demais e sobre a grade de numerações da maioria das grifes. As que confeccionam apenas até o 44 infelizmente não são exceções. Mas dessa vez, ao lado de uma amiga querida, senti na pele o constrangimento de entrar numa loja após outra e não encontrar nada disponível. Nada mesmo, a ponto de as vendedoras nem terem o trabalho de apresentar alguma opção, e se desculparem, igualmente constrangidas.

E atenção, estávamos em um dos maiores shoppings de São Paulo, o Morumbi, onde há um total de 483 lojas. É muita opção! Mas para as gordinhas, apenas uma especializada em plus size, com tamanhos a partir do 46. Encontramos um look executivo atual, que valorizou as formas de minha amiga, mas o custo não foi baixo: um dia de procura, muita frustração e um conjunto de duas peças por mais de mil reais.

Por que, afinal, é tão difícil comprar roupa para as gordinhas? E, quando se encontra, das duas uma: ou as peças não têm informação de moda, ou são modernas, mas muito caras. Já ouvi de estilistas: “A numeração limitada está de acordo com o perfil de minhas clientes”. Concordo: nem tudo fica bem para todas. Mas, com um pouco de boa vontade e adaptações nas modelagens, é possível fazer uma moda cheia de estilo e qualidade para as cheinhas. De quase quinhentas lojas, apenas uma atender a clientes plus size beira o absurdo!

Alguns meses depois, me surpreendi pensando: "já vi este filme antes". Era dia de gravação do quadro "Você mais poderosa", no qual dou consultoria de moda no programa da Globo *Mais você*. Entro numa loja e a vendedora dispara: "Que pena, só trabalhamos com manequins até 42". A participante do quadro, toda a equipe e eu partimos para outra loja, onde a solícita atendente garante: "Aqui, a modelagem 44 corresponde ao 46, pode provar". Nossa participante entra no provador. A equipe monta luz. Todos a postos. Em poucos minutos percebemos: o 44 não correspondia ao 46. Indicam uma nova loja – ali há roupas acima do 46, mas nada que favoreça uma jovem de vinte e poucos anos. Nesse dia senti novo constrangimento: o de quem é jovem, gordinha e sofre para encontrar o que vestir.

Segundo um estudo divulgado pela revista científica *The Lancet*, 58% das mulheres brasileiras estão acima do peso. Isso é fato. Então, por que a maioria das marcas limita tanto suas modelagens e numerações? Enquanto isso, exportamos clientes para os Estados Unidos, onde grande parte das confecções tem grades tão extensas quanto sua disposição de vender. A prova disso foi o desfile da Cabíria, em 2013, da estilista Eden Miller: pela primeira vez uma marca de moda plus size desfilou numa das semanas internacionais de moda mais importantes do mundo, a de Nova York, mostrando peças cheias de personalidade.

Desde os desfiles pioneiros (criados no final do século XIX como forma de os costureiros mostrarem suas criações às clientes) até hoje, quando os espetáculos são internacionais, a estética da passarela é magérrima. E as grifes que desfilam, sempre as mais renomadas, permanecem fazendo mais roupas para "se ver" do que para "se vestir". Como moda é comportamento, uma quebra de paradigma nas passarelas de Nova York pode repercutir muito além da mídia, e ajudar milhares de mulheres, mundo afora, a se sentirem bem dentro de suas próprias silhuetas. Afinal, assim como a beleza, a moda não deve ter tamanho único.

Em entrevista, aquele que foi um dos mais renomados endocrinologistas do Brasil, Dr. Alfredo Halpern, afirmou: "Se você é gordinha, não tem problemas de saúde e isso não afeta sua autoestima, continue assim meu amor!"[1] Se a ditadura da magreza começou a mudar até nos consultórios endocrinológicos, no mundo da moda isso também está acontecendo. Embora grifes famosas ainda ignorem a crescente demanda por números maiores, várias marcas se dedicam a criar peças para esse segmento. Impulsionado pelos índices de crescimento e descobrindo o potencial de trabalhar com numerações grandes – afinal, o segmento plus size já movimenta mais de 4 bilhões de reais por ano no Brasil –, o mercado de moda parece estar despertando.

A *Elle* francesa já estampou em sua capa uma modelo plus size, Tara Lynn, acompanhada da legenda *The Body*, em português "O corpo". Estaremos entrando numa era de valorização das formas generosas em contrapartida à magreza padrão vigente até agora? Não creio nessa inversão. Acredito, sim, na democratização da beleza, na valorização de diferentes biótipos. Verdade seja dita: tem gente que, por mais que se esforce, nunca será magra, pois isso "não faz parte de sua natureza". Da mesma forma como há pessoas saudáveis com 1,80 m de altura e pesando apenas 50 kg, uma vez que esse é o seu biótipo.

Cuidar-se para não sofrer problemas decorrentes de sobrepeso é fundamental, mas ninguém precisa ser magérrima para manter a autoestima elevada: felizmente, a roupa desenhada para o segmento plus size vem a cada estação mostrando-se mais diversificada, criativa e fashion. Aliás, já não era sem tempo! Nada de usar apenas cores escuras e modelagens largas que, em vez de alongar as silhuetas generosas, aumentam ainda mais suas medidas. Todos os biótipos dispõem de pequenos truques capazes de valorizá-los. E você, sabe quais as peças, detalhes e modelagens mais adequadas a um corpo cheinho? Vamos lá conhecê-los, pois a beleza não pode ser mensurada por quilos ou centímetros extras.

Antes de mais nada, esqueça as regras de "não pode isso, não pode aquilo", pois tudo depende de como se usa. As lições de moda a seguir são simples e fáceis de serem postas em prática.

---

1 Dr. Alfredo Halpern. "Tá gordinha, feliz e saudável? Fica assim". Em *Lola Magazine*, São Paulo, 3-7-2013, pp. 48-51.

1. Pode usar branco, sim.

Não é a cor a responsável pelo aumento de volume, mas, sim, a modelagem. Se ela cair bem e valorizar as formas, tons claros estão liberados.

2. Modelagens ajustadas não são vilãs.

Peças muito volumosas dão o efeito de mais volume. Já as modelagens entre o ajustado e o reto, que não marquem as curvas, são bem-sucedidas. Abuse da parceria de lingeries modeladoras para um resultado ainda melhor.

3. Aposte no truque das cores.

Roupas bicolores com tons mais escuros nas laterais criam a impressão de silhueta mais afinada. Ótimo investimento, pois são clássicas e duradouras.

4. Abuse do mix calça de alfaiataria reta + sapato de bico fino.

Calças de alfaiataria de corte reto equilibram o quadril e deixam a silhueta mais alongada. O truque ganha reforço com o uso de escarpins de bico fino em razão de seu efeito alongador.

5. Escolha um pretinho básico capaz de valorizá-la.

Decote V, mangas ajustadas, cintura levemente marcada e modelagem reta na região do quadril: esses detalhes compõem um vestido capaz de operar o equilíbrio da silhueta, valorizar as formas e ser elegante para qualquer situação.

6. Calças e sapatos no mesmo tom alongam.

Calças com barras ajustadas podem ressaltar demais o quadril, e dar ideia de silhueta curta caso os sapatos não sejam corretos. Calçados da mesma cor da calça ou em tons próximos e com um pouco de salto resolvem o dilema.

7. Sapatos decotados compensam modelagens que "encurtam".

Vestidos na altura do joelho são elegantes – mas podem jogar contra quem tem um tipo físico mais baixo e é cheinha, pois visualmente "achatam" a silhueta. O truque para reverter esse efeito é usar sapatos decotados, que deixem o peito do pé à mostra e dão a ilusão de pernas mais longas.

8. Drapeados podem ser aliados.

Esqueça a máxima: "gordinhas devem fugir de drapeados". Quando usados a favor – ou seja, diagonais na região da cintura e verticais na saia, e feitos de tecidos finos para não criar volume –, os drapeados, pode ter certeza, valorizam a silhueta.

9. Estampas dão estilo e não engordam!

Foi-se o tempo das plus size uniformizadas de preto e, no máximo, com estampas miúdas sobre fundo escuro. Tecidos estampados e cores vibrantes dão estilo ao visual e, na modelagem e no tecido adequados, não criam volume. Mas, com certeza, chamam a atenção: recorra a cores e estampas para ressaltar seus pontos fortes!

10. Biquínis e maiôs sob medida.

O segredo para um biquíni ou maiô valorizar o corpo se resume a dois itens essenciais: modelagem e tecido. Ambos desempenham papel fundamental para manter tudo no lugar. Todas as dicas para ajudá-la na seleção de seus maiôs e biquínis estão em "Moda praia: saiba fazer escolhas", p. 142.

A IDADE DA RAZÃO

Qual o padrão de beleza dos nossos dias? Ainda que a resposta seja subjetiva e varie de acordo com cada cultura, a imagem da mulher jovem, alta e magra surge imediatamente em nossa mente diante de tal pergunta. Aliás, esse é o biótipo, o "modelo" consagrado pelas campanhas de moda e da publicidade em geral. Mas, afinal, a beleza cabe num único padrão?

Há muito tempo, esse paradigma – que inclui manequins muito jovens, magérrimas, altíssimas, beirando à perfeição – vem sendo discutido. Tal aspiração, tão fantasiosa e irreal, não está encontrando eco numa fatia cada vez mais significativa do mercado: a geração com 50 anos ou mais. Pesquisas realizadas pelos americanos J. Walker Smith e Ann Clurman, autores do livro *Geração sem idade*, mostram que os idosos atuais não associam a velhice a uma fase de restrição de atividades, de "aposentadoria" da vida, mas como sequência natural da meia-idade.

Segundo os pesquisadores, os *baby boomers* – integrantes da geração nascida entre 1946 e 1964 – viveram tempos de efervescência social, lutas políticas e se mantiveram ativos, engajados, adeptos de novas atitudes e novos valores, hoje refletidos em seu comportamento e hábitos de consumo.

Desde os anos 1990, observa-se o aumento da longevidade na maioria dos países desenvolvidos. E inúmeras pessoas quando envelhecem passam a desfrutar a vida e a pagar por coisas nunca adquiridas antes, quando as prioridades eram as despesas com os filhos e a vida em família.

E é nas mulheres dessa geração que a indústria da moda e de cosméticos está de olho. Essa turma – que em 2016, só nos Estados Unidos, correspondia a mais de 18% da população – definitivamente não se identifica com meninas de 13 anos nas passarelas nem com as mensagens de novas coleções de moda ou de cremes anti-idade.

Conhecido como vanguardista e pioneiro, o estilista Marc Jacobs convidou a atriz Jessica Lange, na época com 64 anos, para ser a estrela de sua coleção. A exemplo dele, François Nars comemorou os 20 anos de sua grife de cosméticos, elegendo a atriz Charlotte Rampling, então com 68 anos, como o rosto da marca. Rampling não é adepta de plásticas, ou procedimentos afins, e exibe com classe as rugas da idade.

Sem preconceito, e de olho no crescente mercado de mulheres mais velhas com muito estilo e alto poder aquisitivo, a dupla de estilistas italianos Dolce & Gabbana escolheu três senhoras nada esguias e sem qualquer grande produção para estampar as mensagens publicitárias na primavera-verão de 2015. A escritora americana Joan Didion, aos 80 anos, estrelou a campanha da grife francesa Céline, uma das mais sofisticadas do mundo; Iris Apfel, com 93 anos, a da joalheria Alexis Bittar; e Joni Mitchell, aos 73, foi musa da Saint Laurent. Como se constata, os exemplos são vários.

Com os longos cabelos assumidamente brancos e vestindo lingerie, a modelo Jacky, com 62 anos, foi a protagonista da campanha da American Appareal. A foto, que, claro, causou polêmica por quebrar um tabu, vem ao encontro do que essa geração de idosas tem declarado: 67% das mulheres acima dos 50 anos dizem estar mais felizes e confiantes com sua vida amorosa do que quando eram jovens, segundo pesquisa do site inglês isme.com.

Interesses comerciais à parte, vemos com bons olhos todas essas iniciativas. Parece que a moda chegou à idade da razão: ao abandonar as convenções, acabar com o império da juventude perfeita e mostrar a beleza na maturidade, ela exerce seu poder de influir nas mulheres mundo afora, ajudando-as a se sentirem bem como são, com seus corpos, seus cabelos e as rugas que narram suas histórias. Afinal, estilo não tem idade. E a beleza vai muito além de números – quer expressem tamanho, peso, quer expressem anos de vida.

CORES: TEORIA *VERSUS* PRÁTICA

Com certeza você já viu por aí alguma foto de celebridade com sua "paleta de cores pessoais". Há uma teoria segundo a qual os indivíduos devem usar tons específicos, e existem diversas formas para definir a cartela de cores adequada a cada um. A mais conhecida é o Método das 12 estações, que divide as pessoas segundo as estações do ano a partir de seu tom de pele, da cor de seus olhos e de seu chamado "contraste pessoal". Esse método também "multiplica" por três cada uma das quatro estações do ano, daí seu nome. Assim, a primavera pode ser pura, clara e intensa; o verão, puro, claro e suave; o outono, puro, profundo e suave; e o inverno, puro, profundo e intenso. Qual seria a sua paleta pessoal? A primavera clara, o verão suave, o outono profundo, ou, quem sabe, o inverno intenso? Como descobrir? A classificação é feita por meio da percepção de um profissional ao aproximar de seu rosto tecidos de cores quentes e frias e observar o efeito de cada uma, considerando a tonalidade de sua pele e a cor de seus olhos. Assim, qualquer pessoa pode ter uma estação para chamar de sua.

Mas, diante das variantes sutis características dos incontáveis tons de pele e, mais ainda, das infinitas nuances de cada cor, devemos "fechar" e limitar as gamas do nosso guarda-roupa numa eterna camisa de força? E os olhos desse observador estarão realmente aptos a decretar quais as cores serão nossas companheiras "até que a morte nos separe"? E quando nos bronzeamos ou mudamos o tom do cabelo? E olhe, dependendo da forma como usamos uma cor, de sua combinação com outras, da maquiagem escolhida, do tipo de luz a que nos expomos (natural de dia, ou artificial à noite), uma tonalidade pode ganhar um novo "colorido"...

Talvez a grande falha da colorimetria pessoal (estudo da percepção do efeito das cores em nossa pele), quando aplicada ao nosso guarda-roupa, seja colocar um definitivo ponto-final onde, quase sempre, cabe apenas uma interrogação. Há muitos "ses" nessa história para apostarmos somente no "não". Um exemplo? "Loiras de pele branca NÃO devem usar amarelo". Mas e se o tom do amarelo for vibrante? E se na maquiagem houver o calor de um batom vermelho? Um visual não é formado *apenas* pela cor da roupa, mas pela composição completa: os acessórios, a maquiagem, as várias

nuances dos tons das peças... Até mesmo as inumeráveis texturas dos tecidos influenciam o efeito provocado pelas cores – tanto no look quanto na gente.

A moda percorreu vários caminhos para chegar até aqui, quando não há mais a ditadura do que usar, mas, sim, um "supermercado de estilos", onde quem faz a escolha é você. Sim, diretrizes são sempre bem-vindas, e elas são o tema deste livro. Mas gessos que imobilizam a esta altura do campeonato da moda? Não, escravidão jamais!

Em lojas, já presenciei pessoas percorrendo as araras com a cartela de cores na mão em busca de um look ideal. Não, elas não estavam levando em conta suas preferências nem mesmo a modelagem das roupas – variáveis, essas sim, fundamentais para valorizar, ou não, nosso visual. Para aquelas pessoas, a cartela de cores dita suas escolhas... Uma pena! Não desfrutam o fato de viver numa época em que a moda propõe, sobretudo, liberdade de expressão. Bilhões de mulheres não têm essa sorte!

Um arco-íris de possibilidades

Qualquer que seja seu estilo ou tom de pele, uma coisa é certa: não há como deixar de ter no guarda-roupa peças de cores neutras, como preto, branco, bege e cinza. Por combinarem com tudo, facilitam a vida na hora da coordenação com outras peças. Se os tons neutros surgirem em elementos básicos, bingo: você terá alguns curingas "salvadores da pátria", ou melhor, de looks. Na correria diária, eles agilizam as combinações e nos poupam de quebrar a cabeça.

Embora a junção de um tom neutro com outro vibrante, ou, ainda, com uma estampa seja o mais óbvio, vale sublinhar: a falta de peças básicas de cores neutras num armário resulta naquela velha frase: "estou cheia de roupas, mas não tenho nada pra vestir!". Os básicos em tonalidades neutras são a ponte mais fácil e segura para transformar peças avulsas em looks certeiros. Leia mais a respeito no capítulo "Seja qual for seu estilo, não dispense estas peça,", seção As dez peças essenciais, p. 62.

O círculo cromático

Mas e, para sair do "feijão com arroz" e combinar diferentes cores, o que de fato tira os looks do sério e injeta uma dose extra de estilo? Existe uma solução simples para misturar cores sem parecer que está vestida para uma festa à fantasia! O caminho? O círculo cromático!

Quando Leonardo da Vinci, Isaac Newton e Goethe, cada um em sua época, desenvolveram estudos e experiências sobre como se formam as cores, seguramente não tinham a mais remota ideia de que nos ajudariam a harmonizá-las em nossos "looks do dia". Pois a partir de tais descobertas, estudos e experimentos, temos hoje o círculo cromático – representação das cores como nossos olhos as percebem.

A partir das três cores primárias (amarelo, vermelho e azul); três secundárias (laranja, violeta e verde, formadas pelas cores primárias) e seis terciárias (obtidas pela mistura das cores secundárias), podemos fazer infinitas combinações à prova de erro, seguindo três fórmulas fáceis, fáceis:

Círculo cromático

Combinação monocromática

Como o nome diz, mono significa "um". Combinar peças de um mesmo tom, ou subtons de uma mesma cor, é garantia de um look elegante e alongador da silhueta!

Combinação análoga

As cores análogas são as três juntinhas no círculo cromático. Para combiná-las é simples: você escolhe a cor do meio, e as duas que estão lado a lado com ela. Essa é uma forma de obter looks coloridos bem harmoniosos, pois as cores são próximas. A proposta vai muito bem para coordenar roupas e acessórios.

Combinação complementar

Você está à procura de uma combinação bem ousada e moderna? Pois escolha uma cor do círculo cromático e sua oposta, a que está do outro lado na mesma direção. A mistura contrastante empresta um ar fashion ao visual, mesmo composto só por peças básicas. No ambiente de trabalho, melhor deixar essa mistura apenas para o toque de cor obtido com um acessório – colar, bolsa ou sapato.

Derrubando mitos

"Mas eu, gordinha, de quadril largo, uso que cor?" Se fizer essa pergunta por aí, aposto (e ganho!) que ouvirá como resposta: uma cor escura. Durante muito tempo as "regras" da moda, repetidas a cada edição de revista, determinavam: se a pessoa fosse "cheinha" estava fadada a escolher o modelo preto (ou, como opção, o azul escuro!). Conhece aquela velha história: um mito repetido exaustivamente acaba passando por verdade? Pois isso aconteceu, e fez perdurarem até hoje regrinhas de moda estabelecidas na década de 1980.

Num dos episódios do "Você mais poderosa" conheci uma mulher linda, de corpo "violão" e pernas grossas, sempre engessadas em calças pretas: nunca havia vestido peças de outro tom, confiante em parecer mais esguia.

Pois apresentei a ela uma calça branca, de tecido estruturado (não marcava) e modelagem reta. Com grande espanto, ela descobriu: a peça deixava sua silhueta mais afinada que o legging preto de costume! Portanto, não esqueça: o que causa efeito em sua silhueta é a modelagem, a cor apenas o reforça. Se o modelo estiver adequado ao seu biótipo e a peça valorizar sua silhueta, você terá o arco-íris à sua escolha!

Jogo de cores

É fato: nossos olhos gostam de cor! Inconscientemente, ficamos hipnotizados pelas cores alegres e vivas que acabam chamando nossa atenção num quadro, numa paisagem ou num look.

Assim, podemos brincar com as cores de maneira a favorecer a nossa silhueta. Ora jogar um tom mais escuro na lateral do vestido, para dar impressão de cinturinha, ora escolher uma saia de nuance vibrante, capaz de chamar atenção para as pernas e ofuscar a barriguinha. Uma peça colorida no look vai ser o primeiro foco dos olhares, daí a importância de conhecermos nosso tipo físico, e os pontos fortes a serem realçados. Mas reforço: a "ilusão de óptica" das cores só funciona se as peças estiverem adequadas ao nosso corpo. Escolha a modelagem correta e depois brinque com os tons para dar ênfase aos efeitos desejados. Nesse jogo de cores, você só a tem a ganhar!

A POLÊMICA DAS ESTAMPAS

“Listras horizontais engordam”; “cheinhas devem sempre usar estampas com fundo escuro”; “xadrez deixa o look com cara de festa junina”. Ah, quantos chavões acompanham as estampas! E quanta gente monocromática simplesmente por medo de errar!

A história dessas regrinhas começou lá atrás, no século XX, quando a moda seguia uma cartilha de frases feitas não questionadas. Pode perguntar para sua mãe ou avó: a bolsa e o sapato, por exemplo, tinham sempre de formar conjunto, combinar. A partir da década de 1990, quando ter estilo próprio se tornou mais importante do que seguir a moda à risca, as regras começaram a ser revistas... e deixaram de ser ditatoriais! Afinal ficar aprisionada por incontáveis “não pode”, quando tudo “depende de como se usa”, é altamente frustrante.

E, se você se inclui na grande parcela de mulheres com medo de estampas, comece a deixar isso de lado hoje mesmo! Elas alegram o visual, emprestam jovialidade e estilo aos looks e, definitivamente, não engordam!

Preste atenção nesta frase: o que gera volume é sempre a modelagem. Ou seja, se aliada a um corte adequado ao seu biótipo, a estampa por si só não acrescentará centímetro algum à silhueta. A estampa apenas ressalta e atrai os olhares para a área do corpo onde se localiza. Daí a importância de conhecermos nossos pontos fortes e fracos: conscientemente, podemos conduzir o foco das atenções para onde quisermos!

A questão das listras

Tomemos como exemplo as listras, uma das estampas clássicas, queridas e polêmicas, sempre acompanhadas da discussão sobre o “sentido” ideal da listra, se vertical, horizontal ou diagonal.

E lá voltamos nós à modelagem: o efeito óptico da listra vai apenas potencializar a “ilusão”, a sensação, a impressão que a modelagem gerou na silhueta. Explicando melhor: se combinadas a modelagens alongadoras, como a de uma calça reta, por exemplo, as listras verticais vão aumentar esse efeito e passar a impressão de uma silhueta mais “comprida”. Da mesma forma, se a camiseta tem uma modelagem quadrada somada às listras horizontais, dará a ilusão de alargar o tronco. Resumo da ópera: preocupe-se mais com o efeito da modelagem em seu corpo do que com a estampa – seja ela qual for!

Sabendo que as listras podem potencializar a impressão criada pela modelagem, três dicas vão ajudá-la na hora da escolha:

1. Para afinar a cintura.

Escolha um vestido ou uma blusa num modelo capaz de favorecer seu corpo e com listras diagonais. Elas oferecem a ilusão óptica de "cinturinha", principalmente quando as listras sobem ou descem em direção à cintura, de ambos os lados e de fora para dentro.

2. Quer ganhar volume na região do quadril?

Alie listras horizontais a saias de modelagem godê, ou seja, mais armadas. As listras horizontais reforçam o efeito da estrutura da saia, ajudando àquelas de quadril estreito, ou as muito magrinhas, a ficarem curvilíneas.

3. Para parecer mais "comprida" escolha modelos retos com listras verticais.

Quando as duas peças são listradas, como no caso do terno, o efeito alongador é ainda maior, pois a continuidade da estampa não corta a silhueta.

Fundo claro ou escuro?

A questão da modelagem exemplificada pelas listras funciona para as estampas. O mesmo princípio ainda se aplica aos tons. Por si só, uma estampa de fundo escuro não "emagrece" mais que a mesma estampa sobre fundo claro. Lá vem ela de novo, a modelagem (você nunca mais vai esquecer-se dela, não é?)! Ela é quem manda, e, se o modelo valoriza sua silhueta, pode escolher a estampa na sua cor favorita!

Mix de estampas

Parece um bicho de sete cabeças, mas não é. Qual o segredo para fazer funcionar a "misturinha" de duas estampas diferentes? Harmonize os tons das duas estampas, ou seja, ambas devem ter cores em comum. Simples assim!

Estampas clássicas

Veja as estampas consideradas clássicas para suas modelagens:

LISTRAS

XADREZ

FLORAL

LOCALIZADA

GEOMÉTRICA

ABSTRATA

ÉTNICA

DIVERTIDA

"Com um armário com poucas roupas – mas boas, queridas e adequadas –, suas escolhas vão ser eficazes e rápidas. Aqui menos literalmente é mais."

COSTANZA PASCOLATO,
O essencial: o que você precisa saber para viver com mais estilo

seja qual for seu estilo, não dispense estas peças

Moda é como literatura: também tem seus clássicos. E eles são eternos. Como na literatura, os clássicos nos indicam o caminho da qualidade e do bom gosto. Saber quais são, usar sabedoria ao escolher cada um, aprender a tirar partido deles, coordená-los entre si ou com peças fashion pode ser o pulo do gato para estar sempre vestida com estilo – o seu estilo.

Você sabe muito bem a que clássicos me refiro, mas talvez nunca tenha parado para refletir como eles podem ser fundamentais e funcionais no seu armário. Ajudam a resolver dúvidas no corre-corre cotidiano de trabalho, compromissos, casa, talvez filhos, festa inesperada, almoço surpresa, convite tão ardentemente aguardado. Enfim, os acontecimentos do dia a dia que frequentemente nos deixam exaustas às vezes nos pegam de surpresa, mas dão cor, ritmo, sabor à vida, e fazem nossa jornada valer a pena.

Às vezes, o melhor é vestir o famoso pretinho básico de corte perfeito, e em outras, um bom par de jeans, coordenado com aquela linda jaqueta que você acabou de comprar. Ou, se as circunstâncias permitirem, a calça de alfaiataria em parceria com sua impecável camisa branca e, para quebrar a seriedade, o moderníssimo colete da moda. Vamos lá conhecer as peças essenciais e aprender a usá-las?

AS DEZ PEÇAS ESSENCIAIS

"Ah, não tenho nada para vestir hoje!" Também já aconteceu com você de abrir o guarda-roupa e não enxergar possibilidades para aquele dia ou para determinada ocasião? Pois é, acontece com a maioria de nós vez ou outra, posso garantir!

Organizar o armário de maneira inteligente, assim como planejar um dia antes o que vestir pode ajudá-la a acabar com aquele "branco" diante do guarda-roupa – quase sempre quando estamos com pressa... A grande solução está nas peças-chave: elas facilitam a coordenação. Peças chamadas de "básicos essenciais".

Já vi, diversas vezes, donas de armários generosos, recheados de roupas lindas e fashion, completamente perdidas na hora da escolha. O diagnóstico: falta o básico, o que dá "liga" com as outras. Muitas vezes, por impulso, compramos a blusa incrível da vitrine sem pensar se temos "companhia" para ela, e só tardiamente percebemos: ela não combina com nada do nosso armário. E acabamos por deixá-la esquecida, com etiqueta e tudo.

Ninguém precisa de um closet gigantesco, mas, sim, de um guarda-roupa inteligente, com peças básicas coordenáveis entre si e algumas outras diferenciadas – essas últimas, na composição, definirão o nosso estilo.

Elaborei uma lista de dez peças essenciais, usáveis de diferentes maneiras – isso vai ajudá-la a otimizar o guarda-roupa. Agregue a elas sua criatividade e multiplique as possibilidades de looks, combinado?

1. **Vestido tipo tubinho preto**
   Modelagem que a favoreça e comprimento a gosto!

2. **Saia preta**
   Modelagem tipo lápis, reta ou evasê.

3. **Calça de alfaiataria**
   Modelagem reta.

4. **Blazer preto**
   Clássico, acinturado e de comprimento em torno do "ossinho" do quadril.

5. **Camisa branca**
   Modelo clássico de tricoline.

6. **Calça jeans escura**
   Modelagem reta que favorece todos os tipos físicos.

7. **Cardigã**
   De tricô em tons neutros e coloridos.

8. **Shorts jeans**
   Escuro e de modelagem reta.

9. **Regatas lisas**
   De seda em tons neutros e coloridos.

10. **Camisa jeans**
    Denim levinho e lavagem clara.

ENCONTRE A CALÇA JEANS IDEAL

A peça mais democrática do guarda-roupa, a calça jeans surgiu por acaso no Velho Oeste americano. Ainda no século XIX, um imigrante judeu da Bavária, Levi Strauss, foi para a América com o objetivo de vender lona e toldos usados nas carroças dos mineradores. Chegando lá, viu os mineiros em farrapos e vislumbrou uma oportunidade de negócio: levar seu estoque de tecido encalhado a um alfaiate e criar "a calça mais resistente do Oeste". Originalmente, a peça que depois se tornaria o jeans nosso de cada dia não tinha cor, era de lona em tom cru. Então, Strauss teve outra ideia: usar uma plantinha indiana chamada Indigus, cuja raiz contém um forte corante natural, para dar à calça o tom azul que a consagraria (o cara era um grande empreendedor, concorda?).

De uniforme de trabalhadores a calça passou a símbolo da juventude rebelde dos anos 1940. E aos poucos foi ganhando diferentes versões e conquistando pessoas de todas as idades, estilos e classes sociais – até chegar a nós, quase dois séculos depois, numa gama tão grande, mas tão grande, de modelos que às vezes fica difícil optar por um deles.

Claro, você não precisa escolher uma só. Mas há peças para diferentes ocasiões, já que cada lavagem, corte e modelagem valoriza um ou outro tipo físico, além de promover diferentes efeitos. O jeito de usar também precisa ser levado em consideração. Vamos a alguns modelos para ajudá-la na escolha da melhor versão dessa companheira de todos os momentos.

Jeans reto & escuro

Se for eleger um curinga entre todos os jeans, vá direto ao de modelagem reta e lavagem azul escura: ele equilibra a silhueta e vai bem para todos os tipos físicos. E, por ser mais clássico, circula com desenvoltura nos mais diferentes ambientes. Por exemplo? Acompanhada de t-shirt e tênis, ela faz caminhada no parque. Mas também vai trabalhar acompanhada de blazer e scarpin – mesmo em ambientes de trabalho formais, onde calças muito justas, como a skinny, ou rasgada, como a destroyed, não são tão bem recebidas... Além disso, disfarça a barriguinha (o cós deve estar na cintura!); equilibra o quadril e alonga... Sabe aquela amiga que todo mundo quer ter? Prazer, jeans reto azul escuro!

Dica

Modelo ideal para compor visuais elegantes e companhia perfeita para um jantar em que o dress code (código de vestir) é casual chique. Fórmula fácil, fácil para uma produção descolada e chique? Junte a calça jeans reta e dois clássicos: uma peça de alfaiataria (um blazer ou um casaqueto) e um scarpin. Não tem como errar!

Boyfriend: lavagens claras e efeitos "rasgados" deixam o jeans mais casual

Meio larguinha, com o gancho um pouco mais baixo, o jeans "boyfriend" não foi batizado com esse nome por acaso: parece aquela peça emprestada do guarda-roupa do namorado, sabe? Mais informal, é perfeito para compor looks despojados: lavagens claras tornam a composição casual, enquanto os efeitos "rasgados" dão um toque de modernidade.

Dica

A modelagem mais reta da boyfriend equilibra a silhueta, mas requer alguns cuidados em relação ao modo de usar. A barra, normalmente dobrada, pode encurtar as pernas: usá-la logo acima do tornozelo e combinar com sapatos "alongadores", como scarpins (veja em seguida o sapato ideal para cada jeans) colabora para minimizar esse efeito. Atenção também aos "rasgos" da calça – quanto maiores, mais despojado o jeans. E lembre-se, dependendo de onde estiverem localizados, atrairão mais e mais olhares. Assim, caso não queira chamar atenção para a coxa, prefira efeitos destroyed (como são chamadas essas fendas) espalhados por outras áreas da calça, e que sejam discretos.

Jeans
SKINNY

Jeans
BOYFRIEND

Jeans
BOOTCUT OU FLARE

Jeans
RETO & ESCURO

Jeans
DECORADO

Jeans skinny: versátil, compõe looks para todas as horas

O modelo justinho vai bem com múltiplas produções, de manhã à noite, e aceita parceria com incontáveis modelos de sapato. É possível usar sua skinny numa produção bem confortável, com blusa de malha e slipper (calçado misto de mocassim e sapatilha, lembra um "chinelo de quarto"). Em versão mais "arrumadinha", vai bem com blazer e bota montaria (por ser ajustada, é a melhor calça para as botas de cano alto). Mas se o programa (jantares e baladas) pede um look "poderoso", basta adicionar à produção um casaco sofisticado e saltos altos.

Dica

Por ser ajustada e afunilar na barra, a calça skinny ressalta o quadril. Se desejar neutralizar esse efeito, use com blusas, blazers ou casacos alongados.

Jeans bootcut ou flare: alongam a silhueta

Pode ser que os nomes não sejam tão familiares, mas as calças são, com certeza: ambas surgem como variações da famosa calça boca de sino, símbolo máximo dos anos 1970. As de modelagem bem justa nas coxas e ampla na barra retornaram sob o nome de flare. Já a bootcut, um clássico sempre presente nas coleções, mostra-se como uma versão mais sutil, na qual a abertura da "boca" da calça a partir do joelho é menos ampla. E, se a ideia é afinar a silhueta, as calças bootcut e flare revelam-se imbatíveis: graças às barras longas e levemente mais amplas, equilibram as proporções. Com corte menos marcado na altura do joelho, ou seja, mais retas, elas favorecem as gordinhas. Com sapatos plataforma, ou escarpins, deixam o talhe mais alongado.

Dica

As lavagens escuras emprestam aos modelos ares mais "arrumados" e, por isso, são as melhores opções para o trabalho. Além do mais reforçam o efeito de afinar a silhueta.

Jeans em modelagens fashion & decorados: estilo para os looks básicos

O visual continua coordenando calça jeans com camiseta. Mas o básico dos básicos ganha ares fashion se o modelo da calça for "diferentão". Por exemplo: um modelo tipo pantalona, de cintura alta, basta para garantir estilo ao seu visual; ou um de cós duplo, cada um numa lavagem diferente; ou, ainda, uma versão de gancho baixo (estilo saruel), com barra afunilada e dobrada. Ou ainda investir num jeans todo decorado, seja adornado com pedrarias, seja bordado e tudo o mais a que se tem direito, pela própria grife ou, por que não, por você mesma! Efeitos destroyed, aplicações de pedrarias a patches e bordados: todos esses recursos estão às suas mãos, literalmente, para tirar seu jeans do básico. A ampla gama de modelos oferecidos pelas marcas inclui, claro, os customizados em série – alguns em padrão industrial e outros de maneira mais exclusiva. Mas, tratando-se de customização, o legal mesmo é inventar. Que tal juntar aqueles jeans "encostados", tinta spray, pedrarias, agulhas e linhas, e um bando de amigas criativas para uma tarde diferente? Além de "alinhavar" muita conversa boa, o resultado serão jeans de fazer babar os fashionistas.

Dica

Quando quiser tirar o básico da mesmice, não é preciso inventar muito: uma calça jeans fashion basta para criar estilo!

Modelos de sapatos para cada jeans

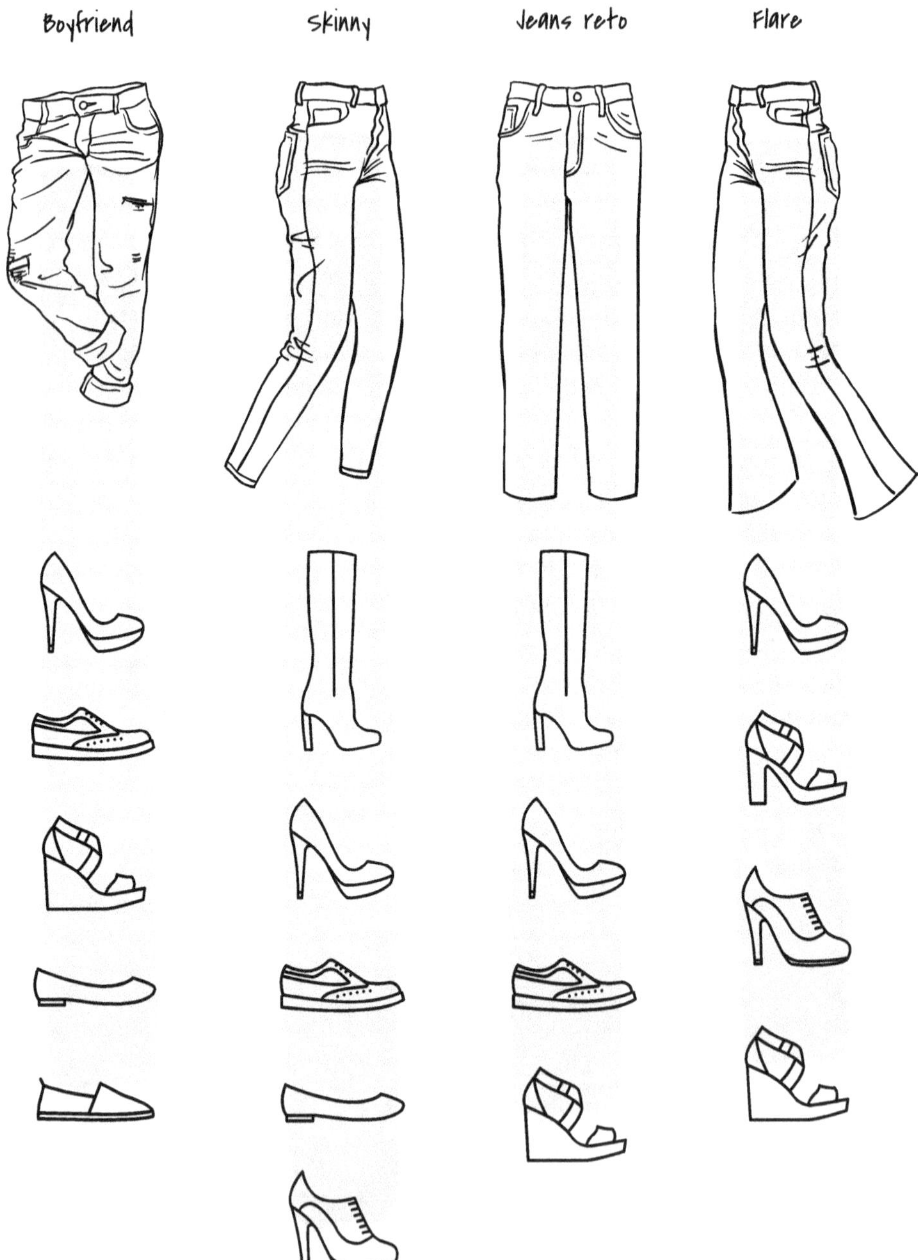

PEQUENO MANUAL DOS CASACOS

Conta a história que grande parte dos casacos hoje conhecidos tiveram origem nos uniformes militares. O trench coat, por exemplo, aquele casaco (muitas vezes chamado de "capa") bege de tecido impermeável, foi criado para soldados da Primeira Guerra Mundial por Thomas Burberry, fundador da tradicional grife britânica Burberry. Das trincheiras o casaco pulou para o cinema – vestiu ícones como Audrey Hepburn no filme *Bonequinha de luxo* – e se tornou uma peça-chave que faz a cabeça tanto dos moderninhos quanto dos vovôs.

Os casacos são mesmo democráticos: clássicos, podemos usá-los para compor os mais variados looks, tanto formais quanto descolados. Quando acompanhados de peças de alfaiataria, eles têm sua formalidade reforçada. Já com peças casuais, como jeans, compõem visuais modernos – modernos chiques, digamos. Porque os casacos dispõem desse poder: o de deixar qualquer produção mais refinada.

Conheça os principais modelos, e ideias de como tirar proveito dos casacos – peças-chave da temporada de frio, capazes de transformar o inverno, como dizem por aí, na estação mais elegante do ano.

Casaqueto

Casaco mais curto. Pode ser feito dos mais variados tecidos, de tweed (lã rústica popularizada por Chanel) a jeans. O comprimento torna a peça muito versátil: é uma das melhores pedidas para acompanhar saias e vestidos. Pode ser usado de maneira bem casual, com camiseta e jeans, ou também mais formal, combinado com saia lápis, formando um tailleur (conjunto de casaqueto e saia). Em versão fashion, metalizada ou customizada com patches, por exemplo, basta para dar estilo a um look básico.

Dica

Casaquetos podem ser usados com peças informais, como shorts ou bermudas, tanto as de alfaiataria quanto as de jeans. Dá refinamento aos shorts, deixando o look descolado e elegante.

Cardigã

Suéter sem gola com abotoamento frontal. Possui decote redondo ou em V e mangas compridas. Por ser mais leve é uma ótima opção para dias de temperatura amena, que pede um casaquinho, mas nada muito pesado. Pode ser usado com blusas sem mangas, por cima de camisas, e ainda receber a sobreposição de outro casaco (se esfriar mais). O melhor: combina com tudo!

Dica

Excelente companheiro de viagem: por ser leve cabe na bolsa e ajuda a enfrentar as intempéries ao longo do dia.

Parka

Como você pode ver, a contribuição militar para a história dos casacos foi grande: a parka, aquele casaco mais despojado, soltinho, com bolsos utilitários, é mais um modelo nascido para as trincheiras. Com a criatividade dos estilistas, ganhou versões que vão além da sarja e do verde oliva: usando do jeans a tecidos mais finos, há parkas para todos os gostos e estilos.

Dica

A modelagem mais ampla somada aos bolsos gera volume: se o seu biótipo é triângulo invertido ou oval, prefira modelos de tecidos leves, como algodão ou linho, e de bolsos chapados.

Blazer

O blazer é outra peça adaptada do uniforme militar. Possui lapela (essa gola estruturada e dobrada) e abotoamento frontal. Surge em modelagem acinturada ou reta, e seu comprimento pode variar entre logo acima ou pouco abaixo do quadril.

Por ter um ar formal é fácil, fácil dar um upgrade no blazer para um look mais sofisticado: basta combiná-lo com uma calça de alfaiataria no mesmo tom para ganhar um terninho e enfrentar aquela reunião importante. Já com uma saia de renda ou brilho, e até sobre um vestido longo, o blazer faz bonito à noite. Apesar de seu porte ter alguma pompa e circunstância, ele é versátil para compor um look descolado: basta juntá-lo com shorts, calça ou saia jeans para fazer o gênero casual chique. Sim, ser chique é a principal característica dessa peça-chave!

Dica

Os blazers ajudam a desenhar e a afinar a silhueta. Prefira modelos estruturados e acinturados para maximizar esse efeito.

Casaco 3/4

O nome três quartos refere-se ao comprimento mais alongado, na altura dos joelhos, portanto cobrindo ¾ do corpo. Normalmente de lã, é companheiro perfeito para os dias frios. Com malha por baixo, calça justinha e bota tipo montaria enfrenta baixas temperaturas de uma maneira casual. Já sobre vestidos, com meias opacas e escarpins, ficam muito elegantes para ocasiões de maior formalidade.

Dica

Se for investir num casaco 3/4, prefira uma cor neutra, como preto ou bege, que vai com tudo.

Trench coat

O casaco bege criado para os soldados da Primeira Guerra virou ícone de elegância e verdadeiro curinga do guarda-roupa. Vai do combo básico do dia a dia – calça jeans + camiseta + sapatilhas – a substituto do blazer em looks de trabalho. E, depois, se rolar a festa, sai lindamente sobre vestidos à noite. Ou seja, vai sobre tudo. Ops, quase tudo: menos em looks de casamento, combinado?

Dica

Prefira modelos na altura, ou um pouco acima dos joelhos para uma silhueta mais alongada. As mais altas podem optar pelos modelos 7/8, de bainha por volta da panturrilha.

Pelerine

O nome dessa capa sem mangas significa "peregrino" (*pèlerin*, em francês), referindo-se aos viajantes franceses que a usavam no passado. Felizmente, essa peça *très chic* veio parar no guarda-roupa feminino, e é uma excelente companheira de trajes refinados, principalmente na versão mais longa, de bainha na altura do quadril. Se você sempre tem dúvidas com relação ao que usar em noites de festa sobre vestidos longos, *voilá*: muito prazer, pelerine!

Dica

Modelos mais curtos, acima da cintura, dão muito volume à parte superior do corpo. Se o seu biótipo é triângulo invertido, ou oval, ou, ainda, se você tem muito busto, prefira a versão que desce até o quadril, mais democrática.

Jaqueta perfecto

Mal saberia a marca Schott NYC que, ao inventar uma opção de agasalho para os motoqueiros em 1928, criaria um dos maiores clássicos da história da moda. Sua jaqueta de couro com zíper enviesado foi parar no cinema na década de 1950, vestindo ícones da "juventude transviada", como Marlon Brando e James Dean. Três décadas depois, em 1980, deixou o guarda-roupa masculino e ganhou as passarelas: estreou na cena fashion em desfile do francês Jean Paul Gaultier e, desde então, nunca mais saiu da moda.

Felizmente, ela deixou de ser apenas para motoqueiros, roqueiros e simpatizantes para virar a jaqueta de toda gente: um clássico que se pode usar à nossa moda, meio rocker, ou num look bem lady, conforme nosso estilo e humor!

Dica

A jaqueta tipo perfecto fica linda e sai do óbvio com peças bem femininas: experimente usá-la sobre um tubinho preto, com uma saia mídi estampada ou uma longa plissada.

Casaco 7/8 ou sobretudo

Sobretudo. Tem melhor apelido para o casacão de lã que acompanha desde o jeans até o vestido de festa? O clássico casaco ganha dose extra de formalidade graças ao comprimento 7/8, isto é, capaz de agasalhar 7/8 do corpo – a altura das bainhas varia da panturrilha ao ossinho do tornozelo.

Apesar de figurar entre os tops acompanhantes de visuais de festas em dias frios, esse casaco longo também empresta seu ar chique a combinações despojadas, como a da dupla t-shirt mais calça jeans. Ou seja, numa mala de viagem para um destino de frio é indispensável!

Dica

Sua versatilidade faz com que ele aceite do tênis ao salto. Às baixinhas vale recorrer a um saltinho, pois, dependendo de como é coordenado, o casacão pode achatar a silhueta.

LINGERIES SUPERPODEROSAS

Fui apresentada à lingerie modeladora no pós-parto. No dia seguinte ao do nascimento de meus trigêmeos, o médico sugeriu: "Vamos colocar uma cinta?". "Como assim?!", pensei, "eu, toda dolorida, e ele vem falar em cinta?!". Acatei o conselho após aquela velha frase "tenho certeza de que você vai me agradecer lá na frente". Tenho que dar o braço a torcer: agradeci!

Para a nossa sorte, as lingeries modeladoras se multiplicaram e hoje vão muito além das antigas cintas. E o melhor: estão lindas! Graças à tecnologia têxtil, os tecidos ficaram menos espessos e o design, atual. Paralelamente, os efeitos cosméticos aumentaram. Além de modelar o corpo e disfarçar gordurinhas localizadas, são capazes de truques como "empinar o bumbum" e "aumentar os seios". Algumas prometem até mesmo ativar a circulação e ajudar no combate à celulite.

Milagres à parte, elas conseguem realmente redesenhar a silhueta e equilibrá-la. Para quem tem quadris largos, por exemplo, as bermudas ou as anáguas são eficientes, pois disfarçam culotes sob vestidos de tecidos finos, como malha ou seda. E uma barriguinha, quem não tem? Calcinha ou body com efeito de contenção "seguram" o abdômen e contribuem para o bom caimento não só de roupas justas, mas de peças de cintura alta, como pantalonas e saias lápis. Ao mesmo tempo, o uso diário dessas peças tende a multiplicar seu efeito a longo prazo: "segurar" a barriga pode se tornar um hábito saudável, já que contribui não apenas para diminuir seu volume, como para melhorar consideravelmente a postura.

Em relação às cores, bege e chocolate são infalíveis: não marcam sob roupas claras. Lilás tem seu charme extra e, dependendo do tom (e do tecido da roupa), também fica invisível. Ah, cuidado, branco sob branco aparece, viu? E preto pede cores escuras – ou contrastes, se a intenção for deixar o body se insinuar sob camisas transparentes. Montar um look incrível tem lá seus truques e as lingeries modeladoras são um deles.

A lingerie certa sob cada look

Vou confessar: já fui vítima de lingerie mal-escolhida. Como o vestido era de alcinha, optei por um sutiã tomara que caia. Não imaginava que, sob a luz do estúdio, a linha do sutiã ficaria evidente. Talvez ninguém tenha reparado, mas para mim foi o suficiente para ofuscar o brilho do lindo vestido longo.

A elegância mora nos detalhes. Alcinhas de silicone, calcinhas coloridas usadas com roupas claras, costuras marcadas sob o vestido bastam para roubar a elegância. Lingerie "aparecida" só se for de propósito, e para dar uma apimentada de estilo. Caso contrário, o melhor é que ela passe despercebida.

Escolher a roupa íntima de acordo com o visual faz toda a diferença. E você não precisa de um arsenal de lingeries, não! Veja a relação das peças mais adequadas para cada tipo de roupa. Assim, ela só vai aparecer do jeito correto: se você quiser mostrá-la!

Decotes nas costas

Não precisa deixar de comprar um vestido ou uma blusa com decotão nas costas porque não se sente bem sem sutiã. Existe um modelo específico para combinar com peças decotadas: suas alças são alças presas à calcinha. Dessa forma, o conforto de quem não dispensa o sutiã é mantido enquanto as costas ficam à mostra – sem nenhuma alça ou fechamento aparecendo de intruso.

Camisa de seda

Por ser muito fininha, a seda tem leve transparência e, atenção, marca texturas, principalmente quando em peças de cor clara. O ideal é optar por sutiãs com reforço no busto e sem costura, já que até o bojo fica evidente sob camisas, blusas e vestidos de seda.

Peças de alcinha

Com regatas ou vestidos de alcinha, os sutiãs tomara que caia são as melhores opções. E não podem faltar no nosso guarda-roupa, já que, no calorão, recorremos a peças sem mangas. Na hora de escolher seu sutiã prove modelos de diferentes marcas: ele deve estar bem seguro nas costas, mas sem apertar, e o tamanho do bojo adequado ao seu busto. Não tenha preguiça: experimente vários até achar um tomara que caia para chamar de seu!

Vestidos justos
Se a modelagem é aderente ao corpo e o tecido marca, calcinhas menores e sem costuras, como a fio dental, são as mais indicadas. Caso o vestido seja claro prefira cores como bege ou chocolate.

Vestidos justos II
Caso necessite de um "reforço" para segurar a barriguinha e não queira marcar o culote, confie nos modeladores com bermuda. O avanço da tecnologia têxtil possibilitou o desenvolvimento de materiais mais finos e confortáveis, garantindo às lingeries funcionais resultados cada vez melhores na modelagem da silhueta. Atenção ao comprimento da bermuda: ela deve ser bem mais curta que a barra do vestido para não dar o menor sinal de vida!

Calça branca
Não adianta inventar: com calça branca o melhor mesmo são as calcinhas em tons de bege e chocolate. De acordo com o tecido da calça, você pode optar entre calcinhas mais finas e sem costura até os tradicionais modelos de algodão. Quanto mais fino o tecido da calça, mais fino também deve ser o da calcinha.

Calças jeans
Calcinhas de tecidos muito finos, como as de microfibra, costumam incomodar quanto usadas com jeans. Aqui vale apostar no conforto e optar por um modelo de algodão um pouco mais encorpado: elegância e bem-estar devem andar de mãos dadas!

Sutiã "acessório"
Se a ideia é ostentar o sutiã como acessório para um visual moderno, faça-o aparecer com tudo. Vale apostar nas estampas, no contraste de cor e até mesmo em texturas como as da renda. Mas atenção: reserve a ousadia para a balada ou situações informais, combinado?

COM QUE MEIA EU VOU?

Inverno combina com vestidos e shorts graças às meias-calças. Sem elas, como poderíamos deixar as pernas à mostra em dias frios? Estaríamos obrigadas a usar calças sempre que a temperatura caísse, já pensou?

Se antigamente só havia a meia-calça fina, usada para "maquiar" as pernas, hoje existe uma infinidade de espessuras e texturas à nossa escolha. Como definir a parceira ideal de cada look? Vamos às dicas para aquecer as pernas com estilo.

1. Quanto maior a espessura, mais casuais e quentinhas.

As meias são classificadas segundo a espessura do fio usado em sua fabricação. Enquanto a fio 20 é mais fina e dá apenas cobertura para a pele, a fio 40, mais espessa, tem aspecto opaco. Quanto mais alto o número do fio, mais quentinha a meia. Ou seja, para completar uma produção casual num dia bem frio a fio 80 é perfeita.

2. Meias opacas são curingas.

Opacas e versáteis, as meias fio 40 de microfibra vão bem tanto com shorts jeans quanto com visuais de trabalho, como camisa e saia lápis, por exemplo. Mas seu grau de refinamento para por aí: não dá para usá-las com looks sofisticados, como vestidos de festa. Se o evento é de gala, escolha a versão mais fina, ou dispense as meias.

3. Meias rendadas e arrastão dão um toque sexy.

Elas não passam despercebidas: são ótimas para emprestar estilo a visuais básicos e sóbrios, principalmente à noite. Evite misturá-las com produções sensuais porque, por si só, elas já conferem uma pitada sexy.

4. No trabalho, prefira as opacas, lisas ou com estampas sóbrias.

Se você trabalha num ambiente formal, evite meias chamativas. As opacas, fio 40, de cores sóbrias como preto e marrom, são as mais indicadas. As caneladas, e as de padronagem xadrez miúdo e risca de giz também garantem ar fashion a looks formais.

5. Meias com sapatos no mesmo tom alongam as pernas.

Os tons próximos aos do sapato também causam efeito "alongador". Sapatos de tonalidades que contrastem com a das meias, embora signifiquem um recurso de estilo, encurtam a silhueta – principalmente se os modelos forem abotinados, de cano mais alto.

De meias curtas

Elas são sinônimo de aconchego e fazem a diferença no quesito bem-estar num dia frio. Pés gelados provocam a sensação de o corpo inteiro estar dentro de um *freezer*. Embora essenciais para esquentar, as meias curtas fazem o gênero discreto, não precisam aparecer. A seguir, algumas dicas para a escolha certa dessa parceira que pode passar despercebida pelos outros, mas jamais por você.

1. Prefira meias de algodão.

Absorvem melhor o suor e são mais agradáveis ao toque. Evite as com acrílico na composição: são ásperas e pinicam.

2. Reserve as meias brancas para a prática de esporte.

Com bermuda e tênis, certo?

3. Calce as do tipo sapatilha com peças curtas.

Se o uso de meias for essencial, prefira as modeladas como sapatilhas – discretas, não interferem no visual.

4. Na dúvida, harmonize a cor da meia com a do sapato e da calça.

Vai compor um look com bota curtinha e calça? A meia deve ser da cor de uma dessas peças, ou em tom próximo. Por exemplo: a calça é cinza e a bota preta? Pode optar por uma meia preta ou numa nuance de cinza (não precisa ser idêntica à da calça).

5. Meias coloridas estampadas dão um toque ousado.

Quer usar as meias como acessório fashion? Claro que pode! Estampadas e coloridas, elas dão um toque bem-humorado à produção e ficam perfeitas com o estilo college e vintage. Num visual ainda mais fashionista, vale quebrar o protocolo e usar uma meia soquete colorida (ou brilhante) com sandália. A única regra da moda proibida de quebrar: o look precisa combinar com você!

CINCO PEÇAS NUDE QUE NÃO PODEM FALTAR NO SEU GUARDA-ROUPA

Quase "invisíveis", quando aparecem eventualmente, continuam a ser superdiscretas. Aí está o superpoder das peças nude – nome dado pela moda à ampla gama do bege, próximo ao nosso tom de pele. Não há um só nude, ele varia, ora mais rosado, ora chocolate, assim como os incontáveis tons da pele.

Essas peças são essenciais no guarda-roupa porque ajudam você a usar absolutamente tudo o que tem. Por exemplo: sabe aquele vestido estampado que ainda está com a etiqueta simplesmente pela dificuldade de encontrar um sapato que combine com ele? Um par de sapatos nude resolve o problema, pois vai com tudo! E a regatinha ainda dobrada na gaveta, pois fica marcada quando é usada com qualquer cor de sutiã? Um tomara que caia nude é a chave para se usar, com elegância, peças de alças.

No meu trabalho de *personal stylist* encontro muitas vezes guarda-roupas que, embora abarrotados, não incluem esses básicos essenciais. Resultado? Muitas roupas encostadas, sem uso – afinal, como vestir uma saia lápis clara sem a calcinha adequada? Abaixo, a listinha das cinco peças nude que não podem faltar no seu armário. Garanto: elas vão facilitar sua vida!

Sutiã tomara que caia

Num país tropical como o nosso, onde com frequência estamos de braços de fora, um sutiã nude tomara que caia, que não marque sob a roupa, significa item de primeira necessidade! Existem vários modelos no mercado. É preciso rodar as lojas e experimentar mesmo, pois a modelagem varia de marca para marca. A peça deve ser confortável nas costas, além de oferecer bastante sustentação. Se você tem muito busto, evite bojos volumosos e prefira sutiãs com reforço de silicone nas laterais, para maior conforto. A altura do bojo também varia bastante, e há modelos mais ou menos decotados: escolha um sutiã nude sob medida para você e use à vontade, e com elegância, suas blusas e vestidos claros e sem mangas.

Calcinha nude

Looks clarinhos não são apenas sinônimo de verão – continuarão em alta quando o inverno chegar. E pedem a calcinha certa: nude, em sua ampla gama de tons, do bege rosado ao chocolate, os únicos a não "gritar" sob as roupas. Versões sem costura são as mais indicadas, principalmente sob tecido com leve transparência, ou sob looks justos.

Regata segunda pele

E quando a gente cisma de colocar uma blusa transparente, mas a ocasião pede discrição? Uma regata segunda pele resolve o dilema! Fica perfeita embaixo de blusas claras de seda, por exemplo, e é uma ótima parceira nos looks de trabalho. Prefira modelos com o busto reforçado por tecido duplo, além de costura que garanta sustentação, pois o tecido dessas peças é sempre fininho – justamente para cumprir o papel de velar a transparência sem roubar a cena!

Bolsa

Ela é tão curinga quanto o preto, com uma vantagem: vai bem com todas as estampas! Isso já não acontece com o preto que, às vezes, dependendo das cores com as quais faz parceria, pode pesar. O modelo ideal é o médio, daqueles onde cabe o fundamental para o dia a dia. O tom evita a troca diária de bolsa, pois casa bem com qualquer look. Ou seja, facilita a vida!

Sapato

Kate Middleton, esposa do Príncipe William, herdeiro do trono britânico, não tira o seu par de scarpins nude dos pés! Pudera, o sapato nesse tom vai com tudo e ainda deixa a silhueta mais alongada. O ideal é escolher um tom próximo (não idêntico!) ao seu tom de pele. Quando eleger um par nude, opte por um modelo clássico, de couro tipo pelica – mais fácil de usar e de maior durabilidade se comparado aos de verniz ou camurça. E aqui vai mais uma sugestão: um scarpin e uma sandália nude valem o investimento, tamanha a versatilidade que possuem, substituindo com vantagens dez pares de outras cores. E o importante não é um guarda-roupa abarrotado, mas um armário com peças que possam ser usadas de várias maneiras, não acha?

"E alguns dados antropológicos apontam a existência, entre as raças mais primitivas, de povos sem roupas, mas não sem enfeites."

AIRTON EMBACHER,
Moda e identidade: a construção de um estilo próprio

acessórios protagonistas

A palavra *acessório* significa secundário, complementar, dispensável... Mas será mesmo um acessório *dispensável?* Na moda, com frequência, os chamados complementos (sapatos, bolsas, bijoux, joias, lenços, luvas, chapéus) podem assumir o papel principal e passar a protagonizar o espetáculo. Mais ou menos como as luvas longas e negras de Rita Hayworth, no filme *Gilda.* Se você ainda não viu esse momento antológico, poderá encontrá-lo na internet: as luvas complementam o longo preto de cetim tomara que caia, com profunda fenda frontal que, embora lindo e sexy, acaba sendo ofuscado pelas luvas. Enquanto canta *Put the Blame on Mame,* num cassino fictício de Buenos Aires, Rita despe magistralmente uma delas, sugerindo o início de um streap-tease que na verdade não acontece. A sensualidade da interpretação provocou grande escândalo em meados dos anos 1940, e transformou a cena em um *cult* cinematográfico, levando várias gerações a concordar com o *slogan* promocional da película: “Nunca houve uma mulher como Gilda”.

Outro exemplo de acessório protagonista? Não, ele não foi "pensado" por um estilista, mas é um ator de destaque num dos contos mais antigos de que se tem notícia. E, sem dúvida, faz parte de suas memórias de infância: o sapatinho de cristal de Cinderela! Você talvez não se recorde exatamente como era o vestido de baile criado pela fada madrinha para a gata borralheira, mas garanto que do sapatinho de cristal você não esqueceu. Tudo isso apenas para fazê-la compreender a importância de escolher os acessórios com critério e sabedoria. Afinal, eles podem fazer a diferença, mudar tudo, transformar qualquer de nós em "uma mulher como Gilda", ou – quem sabe? – trazer um príncipe encantado... Rsrsrsrs

O SAPATO FAZ TODA A DIFERENÇA

Basta uma rápida olhada na sapateira para concluirmos: temos mais sapatos do que realmente usamos. Sejamos sinceros, quantos pares não nos acompanharam nem mesmo num breve programa este ano?

Há os integrantes do time dos "desconfortáveis". Aquela voltinha na loja não é suficiente para revelar se o sapato será um bom parceiro nas longas caminhadas do dia a dia. Outro dia, devolvi uma sandália que, ao ser usada pela primeira e única vez, encheu meu pé de bolhas. Voltei à loja no mesmo dia. Não aceitaram a devolução, pois a sola estava marcada. Como poderia adivinhar que o modelo seria tão cruel se não o usasse, alguém pode me explicar?

Mas há também aqueles que olhamos nas revistas, namoramos nas vitrines, pelos quais nos apaixonamos e, no final, não combinam com a gente, com nosso estilo, nem com nossas roupas. E não nos favorecem. Sim, porque o sapato pode fazer toda a diferença, tanto no quesito estilo quanto nas linhas da nossa silhueta.

Todo acessório agrega alguma informação ao look. Pode deixá-lo mais refinado, moderno, clássico, romântico... Veja o exemplo: enquanto o "peep toe" (tipo escarpim, com abertura na frente deixando as pontinhas dos dedos à mostra) confere refinamento à produção, a "ankle boot" (abotinado que vai até o tornozelo) compõe um visual moderno.

Além de ter em mente o efeito criado pelo sapato quando associado à roupa, precisamos considerar a valorização do nosso biótipo. Se as pernas são curtas e grossas, e não queremos ressaltar tais características, o ideal é escolher modelos capazes de criar a ilusão de pernas mais longas, como sapatos e sandálias decotados, que deixem o peito do pé à mostra.

Sandálias amarradas nas pernas, gladiadoras altas e as versões cujas tiras se fecham acima dos tornozelos dão um efeito de pernas mais curtas e grossas. Uma forma de minimizar isso é combinar tais modelos com minissaias e shorts.

Outra ótima pedida está nos sapatos nude. Além de combinarem com tudo, podem ser sócios de roupas de qualquer comprimento, pois ajudam a tornar a silhueta mais alongada. Em qualquer modelo, aposte no nude pois não tem erro. E fique atenta, desde Cinderela, o sapato faz toda a diferença.

Casuais ou chiques, esses são os modelos que se tornaram clássicos para os nossos pés:

Alpargatas

O sapato baixo, confeccionado com lona, de solado de borracha ou corda (e que deixa o look moderninho!), existe há séculos, quando já fazia parte da indumentária árabe. Ganhou o Ocidente na década de 1970. Frescos e superconfortáveis, as alpargatas são ideais para acompanhar looks casuais nos dias quentes do verão.

Anabela

Sua principal característica é o salto que lembra um esquadro. Na frente, fica quase rente ao chão – ou pode ter uma "meia pata", aquela plataforma responsável por elevar ainda mais o conforto. Eleita como um dos calçados mais confortáveis, a anabela vai com tudo: do short ao vestido longo, em looks casuais chiques.

Ankle Boots

Ankle, em inglês, significa tornozelo. Ou seja, a altura do cano define essa botinha que pode ser feita dos mais diferentes materiais, e ter saltos de alturas variadas. Em comum mesmo, o cano na altura dos tornozelos e a modernidade que emprestam ao look. Para não encurtar a silhueta (efeito muitas vezes gerado pela ankle boot), use com calças em tons próximos ao da bota, ou opte por um modelo nude.

Botas de cano longo

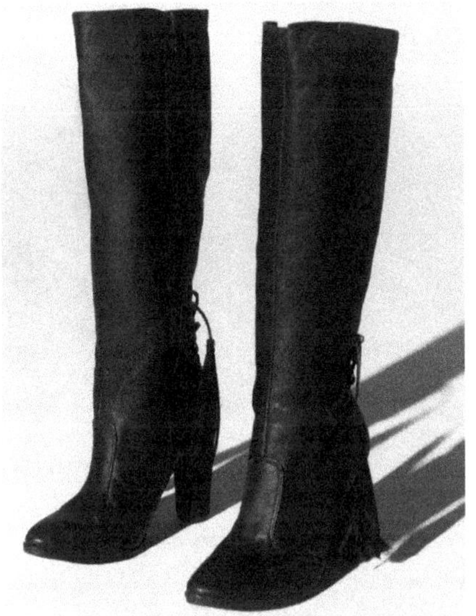

Mais um clássico emprestado e adaptado do guarda-roupa masculino, as botas de cano longo têm origem nas usadas pelos militares e para a montaria. Foi o estilista Courrèges, na década de 1960, o responsável por incorporá-las de uma maneira fashion ao nosso guarda-roupa – e, desde então, elas nunca mais saíram de cena. Há as clássicas, no estilo montaria, as mais ousadas, como a *over the knee* (em português, acima dos joelhos) ou ainda os coturnos, como os dos soldados. Nas diferentes modelagens, as botas são o calçado oficial do inverno – mas não só dele: vale usar sobre calça justinha e até com vestidos leves de barras acima dos joelhos em dias de temperatura amena para compor um look no melhor gênero boho.

Chanel

Pensou em elegância? Pensou em Chanel. Coco Chanel, a fundadora da Maison, soube criar um sapato atemporal, sinônimo de elegância e... de Chanel! Adaptação do scarpin, porém aberto atrás, com salto de 5 cm, ele foi lançado originalmente em 1957. A ideia de Coco ao criar o modelo – chamado pela mídia na época de "os novos sapatos de Cinderela" – era disponibilizar um calçado que combinasse com tudo. E combina: do jeans ao tailleur, o modelo "chanel" tem o efeito cinderela de deixar mais refinado qualquer look, seja ele qual for.

Espadrilha

Elas têm solado de corda, cortiça ou palha, a parte superior de tecido e são a cara (ou os pés) da geração hippie chique! Ganharam fama na década de 1970 pelas mãos de Yves Saint Laurent. Foi ele o responsável por levar para as passarelas os calçados baixos usados pelos militares durante a Guerra Civil Espanhola, ocorrida na segunda metade dos anos 1930. Saint Laurent elevou os saltos e conferiu estilo ao calçado das trincheiras. E a sandália tornou-se um clássico de verão, perfeita para acompanhar looks casuais e equilibrar conforto com estilo – sem descer do salto! – mesmo nos dias mais quentes!

Sapato boneca, ou Mary Jane

O Mary Jane (ou sapato boneca, como ficou conhecido) é, por definição, o modelo que possui uma tira horizontal sobre o peito do pé, ou à volta do tornozelo. Esse ícone de delicadeza teve sua origem, acredite, na personagem Mary Jane, da revista em quadrinhos *Buster Brown*, lançada por Richard Outcault em 1902. A popularidade da personagem fez dos sapatos objeto de desejo das crianças e, até o fim da década de 1950, os Mary Jane foram onipresentes no armário tanto de meninas como de meninos. E nós mulheres, que já "assaltamos" tanto o guarda-roupa masculino, não deixaríamos um sapato lindo desse apenas para os pequenos! Foi a partir da década de 1960 que começaram a surgir as versões femininas do Mary Jane para acompanhar a recém-lançada minissaia. Parceria que continua firme e forte até hoje: o modelo empresta um ar romântico a vestidos curtinhos, quebrando um pouco o apelo sensual. Para compor um look "ladylike", aposte na parceria com saias mídi.

Meia pata

Quem já usou sabe: entre os modelos de saltos altíssimos não há mais confortável! Tudo justamente pelo nome que o batiza: a meia pata, essa plataforma na parte frontal que reduz a sobrecarga do salto e dá sustentação ao andar. Superfeminino, o sapato meia pata está entre nós há séculos: já era usado pelas gueixas no Japão antes de "cair aos pés" da classe abastada da Europa no século XVI. É aquele acessório que, por si só, empresta sensualidade ao look. Use-o como artifício para apimentar um visual mais sóbrio, mas cuidado ao combiná-lo com roupas muito curtas para não cair na vulgaridade (e ver a elegância desabar do alto de um salto meia pata!).

Mocassim

Criado pelos índios nativos norte-americanos no século XVIII, o mocassim migrou para a Europa no século XIX como uma opção confortável aos sapatos pequenos e apertados usados antigamente. Em 1950, Elvis Presley virou "embaixador" do modelo que ganhou fama e popularidade. Bem casual, o modelo é perfeito para acompanhar looks despojados e fica ótimo com peças mais curtas e esportivas, como shorts ou bermudas. Calças de sarja, com barras dobradinhas, também ficam um charme acompanhadas de mocassim.

Mule

Mule é uma palavra francesa para sapatos que não possuem a parte de trás e deixam o calcanhar à mostra. Há modelos diferentes, com ou sem salto, com a frente fechada ou aberta. Sua história remonta ao século XVI, quando era usado por mulheres e homens. O estilista Roger Vivier foi um dos responsáveis por transformá-lo em sapato do dia a dia, como também a atriz Marilyn Monroe, que o popularizou a partir da dos anos 1950. O mule (sim, no masculino!) é um daqueles clássicos resgatados de tempos em tempos: sucesso nos anos 1990, voltou às passarelas e às ruas em 2015/16, mas sempre envolto em polêmica... nunca foi unanimidade no quesito júri popular! Os mules são ótimos pares de saias mídis, mas não recusam a companhia de shorts e calça jeans. Use também para dar um toque de feminilidade, ousadia e tirar do sério looks convencionais.

Oxford

Mais um modelito que "roubamos" do guarda-roupa masculino para dar estilo aos nossos visuais! O sapato surgiu no Reino Unido, e inicialmente era conhecido como "Balmoras", em razão do Castelo Balmoral, uma das residências da família real britânica na Escócia. Mais tarde tornou-se muito popular entre os alunos da Universidade de Oxford, recebendo oficialmente o nome pelo qual é conhecido até hoje. Fica lindo para dar "tempero" a produções bem femininas, fazendo um mix bem-vindo e muito moderno.

Peep toe

"Espiar os dedos". Essa seria a tradução literal do nome do sapato que deixa alguns dedinhos à mostra. Convenhamos que a pronúncia em inglês combina mais com o refinamento desse modelo! O peep toe surgiu no pós-guerra junto à onda de feminilidade resgatada na década de 1940 – depois de tempos difíceis em que as mulheres tiveram que assumir os uniformes e funções masculinas, enquanto os homens serviam o exército. O peep toe tornou-se um clássico que alia sofisticação com uma pitada de sensualidade. Um modelo no tom nude no guarda-roupa é certeza de um bom par que acompanha um jeans ou um vestido sofisticado com a mesma desenvoltura.

Sandálias

A definição de sandália, segundo o dicionário Aurélio, é bem simples: "calçado feito de uma sola com correias que o prendem ao pé". Tão imensa quanto a criatividade de designers e estilistas foi a variedade de modelos que esse simples calçado originou! As sandálias existem desde os primórdios: na Grécia antiga, por exemplo, já se amarravam nos pés dos gregos, cuja inspiração para modelos no estilo gladiador resistem até hoje. As nossas "rasteirinhas", fiéis companheiras de dias que aliam conforto e calor, também não são um advento moderno: o Faraó Tutancâmon já usava o modelito em sua versão luxuosa de ouro. Par perfeito para temperaturas altas, as sandálias não podem faltar no nosso guarda-roupa tropical: uma baixa, rasteirinha, e uma de salto (de uma altura confortável para você) fazem parte das peças essenciais de um armário inteligente.

Sapatilha / Sabrina

Inspiradas nas sapatilhas de *ballet*, elas vieram emprestar sua delicadeza e conforto ao nosso dia a dia. Ganharam muitas adaptações e os mais diferentes materiais, do plástico a tecidos luxuosos – tudo para nos deixar elegantes sem recorrer aos saltos. Pequenos detalhes que fazem a diferença: enquanto os modelos arredondados são mais casuais, as sapatilhas de bico fino emprestam um ar refinado aos looks, além de dar um efeito de silhueta alongada. Vale incluir no guarda-roupa um modelo de cor neutra, que vai com tudo, e um outro colorido ou estampado, para dar um toque de estilo naqueles dias que optar por um look mais básico.

Scarpin

O nome é sinônimo de sapato. Pudera: tem modelo mais versátil, que vai com tudo e nos deixa elegantes num passo? A origem do nome scarpin vem da palavra italiana scarpino, diminutivo da palavra scarpa, que significa sapato. O scarpin foi popularizado por Christian Dior no ano de 1947, junto a sua proposta de "New Look", que tinha o propósito de resgatar a feminilidade no sofrido período do pós-guerra. Os scarpins clássicos consistem em modelos com salto entre 4 cm e 10 cm (se o salto for maior, o sapato passa a ser chamado de "stiletto"), seu bico pode ser fino, quadrado ou redondo e ele deve ser um sapato fechado, que esconda os dedos e o calcanhar, deixando apenas o peito do pé à mostra. E esse peito do pé à mostra é chave da sensualidade de sapato atemporal, que além de elegante dá um efeito de silhueta (e pernas) alongadas. Escolha um modelo de tom nude próximo ao seu tom de pele e maximize esse efeito – além de ter um sapato que vai com tudo!

BOLSA, FIEL COMPANHEIRA

Dizem que nós, mulheres, somos fissuradas por bolsas. Como não adorar a companheira capaz de carregar pra cima e pra baixo um pouco do nosso universo, daquilo que é importante para o nosso dia a dia? Questão de sobrevivência! Na minha bolsa diária entra de kit de maquiagem a carregador de celular; da carteira a comidinhas (caso o trânsito dê um nó).

Por questões práticas uso, na rotina diária, bolsas grandes e de cores neutras. Técnica para facilitar a vida, já que não troco a bolsa todos os dias. Eventualmente, escolho uma de cor mais alegre ou estampada para modernizar um look sóbrio. À noite, vai bem a carteira de mão, ou clutch (com conteúdo minimizado, claro!).

A escolha dessa preciosa acompanhante deve contemplar nosso estilo, o look e a ocasião. E atenção ao tamanho adequado. Da pequena clutch à maxi, descubra o modelo ideal para as diferentes situações.

Maxibolsas são ideais para quem se desloca muito no dia a dia

A bolsa de tamanho grande é a melhor amiga das mulheres que precisam se deslocar muito e carregar um "kit sobrevivência". Ela pode ser usada tanto com produções mais casuais quanto com as mais arrumadas para passear ou trabalhar. Os modelos estruturados são elegantes; os "molengos", mais esportivos.

Dica

Avalie o peso na hora da compra. Alguns exemplares de couro são extremamente pesados ainda vazios e se tornam "insustentáveis" quando cheias. Faça o teste!

Bolsas médias carregam o essencial com estilo

As médias têm o tamanho adequado para aqueles dias em que você não precisa carregar o "mundo". As clássicas, como as de matelassê da Chanel, são refinadas, mas não "carregam" qualquer preconceito: vão bem até mesmo com jeans e camiseta. Já a tipo "carteiro", cheia de bolsos e com alça alongada, é esportiva e garante estilo extra a looks casuais. Atenção: pode-se brincar com a mistura de estilos, quebrando a formalidade de uma roupa, por exemplo, com uma bolsa mais esportiva. Misturar o estilo das peças é a chave para ressaltar o seu!

Dica

As médias são boas companheiras para as baixinhas, para as quais o modelo maxi pode passar a sensação de exageradas.

As divertidas dão um toque fashion e irreverente

Quer irreverência na produção? Invista numa bolsa divertida, que tire o look do sério. Tendência onipresente há alguns anos nas passarelas, as bolsas divertidas (em inglês, *fun bags*) formam hoje uma categoria independente no quesito acessórios. Ou seja, não são mais um modismo, mas um estilo capaz de tirar os visuais do óbvio. Coisa de adolescente? Que nada! Se o motivo (um livro, um animal e até um saco de batatas fritas!) tiver tudo a ver com você (quem sabe até com a sua história?), pode apostar e quebre a sobriedade com muito bom humor.

Dica

Combina com ocasiões nas quais um toque de ousadia é bem-vindo. Mas, para acompanhá-la num trabalho formal ou mesmo num casamento, evite.

Bolsa carteira empresta apuro ao traje

A bolsa carteira é uma bolsa de mão, com alça longa a ser apoiada no ombro, ou mais curta, que se prende ao pulso; quase sempre apresenta design retangular, alongado, e espessura fina. Versátil, dependendo do material de que é feita, tem passe livre tanto para um simples cineminha como um casamentão.

Dica

As de couro, sobretudo se texturizado, são um curinga literalmente à mão para o que der e vier. Reserve modelos artesanais (feitos de tricô, crochê e até de sementes) para acompanhar looks casuais chiques. Bolsas rebordadas e trabalhadas no brilho são estrelas em festas, mas nada a impede de sair com elas por aí, vestindo jeans (viva a democracia da moda!), se essa mistura combinar com o restante do seu visual e, sobretudo, se for a sua cara!

Clutch é uma versão moderna da bolsa de mão

Clutch, em inglês, significa bolsa de mão. A diferença entre ela e as carteiras está na estrutura e no tamanho: as clutchs são rígidas e menores. Estampadas, dão um toque moderninho a produções casuais; lisas e de cores neutras acompanham qualquer estampa; de tecidos sofisticados, vão da balada à festa chique.

Dica

A clutch está em alta, mas é um clássico: pode investir sem medo, principalmente nas versões neutras, companheiras versáteis de seus mais variados *moods* noturnos – e certamente usáveis muito além de uma estação.

Bolsas que fizeram história

2.55
Chanel

Signo de glamour e da liberação das mãos femininas, a bolsa a tiracolo, concebida por *mademoiselle* Chanel nos anos 1920, foi revisitada por sua criadora e relançada no segundo mês do ano de 1955 – daí seu codinome: 2.55.

Speedy
Louis Vuitton

O hoje clássico Speedy foi lançado em 1933. Nos anos 1960, seria transformado em objeto do desejo das apaixonadas por moda: era a bolsa preferida da atriz Audrey Hepburn que, inclusive, pediu à Louis Vuitton que produzisse para ela o modelo em tamanho menor.

Birkin
Hermès

Feita especialmente para atender às necessidades e desejos da cantora Jane Birkin (que, segundo alguns, é considerada coautora do modelo), ela tem design francamente inspirado na bolsa Kelly e transformou-se num dos objetos mais cobiçados da Hermès.

Lady Dior
Dior

Lançado em 1994, o modelo Chouchou – com pespontos cannage e letras douradas da grife Dior presas à alça – seria rebatizado dois anos depois como Lady Dior, em homenagem à princesa Diana, pois, em visita a Paris, Lady Di apaixonou-se pela bolsa e fez dela uma parceira constante.

Jackie
Gucci

Para ser levado preso ao ombro, o modelo da marca italiana Gucci, concebido nos anos 1950, foi o fiel companheiro da então primeira-dama Jacqueline Kennedy em viagens pelo mundo. Exatamente por isso ganhou seu apelido: Jackie.

Baguette
Fendi

Seu nome nasceu de comentários sobre como carregá-la: debaixo do braço, como os franceses levam o pão *baguette*. Sucesso da Fendi nos anos 1990, foi definitivamente elevada à ícone por ter sido usada pela personagem Carrie Bradshaw (Sarah Jessica Parker), da série de TV *Sex and the city*.

Kelly
Hermès

Criada na metade dos anos 1930 pela luxuosa marca francesa de produtos de equitação, o modelo foi batizado de Kelly em 1956 por ser o preferido da princesa de Mônaco, Grace Kelly. Reza a lenda que ela teria tentado disfarçar até uma incipiente gravidez, colocando a bolsa diante da barriga em fotos para a revista Life.

Motorcycle
Balenciaga

Praticamente vetado pelos executivos da grife, a bolsa criada pelo estilista Nicolas Ghesquière foi produzida apenas para o desfile da marca. Mas Kate Moss e as demais manequins ficaram encantadas com ela. Resultado: a Balenciaga decidiu lançar o modelo, hoje produzido em mais de 100 cores!

JOIA OU BIJOUX?

A necessidade de nos fazermos notar, de nos destacarmos na multidão, vem de longe: nossos ancestrais já usavam conchas, pedras, madeiras, ossos e dentes de animais – ou seja, tudo o que tinham à mão – para se enfeitar e demonstrar poder. A primeira relação do homem com as joias esteve permeada pelo *status* embutido no adorno: a ostentação do caro e raro distinguia as classes sociais e denotava riqueza.

A partir da Segunda Grande Guerra, materiais alternativos ao ouro, à prata e às pedras preciosas começaram a ser vistos com bons olhos. E no mundo da moda, a frase atribuída a Coco Chanel e que ficou como um decreto é "O que importa não são os quilates, mas o efeito". Assim, a grande vanguardista da moda abriu espaço para que as bijuterias brilhassem e, com elas, também as pessoas de diferentes classes sociais. As bijuterias (aportuguesamento do termo francês para joia: *bijouterie*) surgiram não só oferecendo alternativa de adorno mais acessível, mas como símbolo de uma nova era, a da democratização da moda.

Atualmente, com as técnicas de lapidação (e imitação!) tão avançadas, distinguir entre uma joia e uma bijoux com frequência é trabalho para olhos treinados! Claro, as joias nunca perderão seu valor, mas ostentar saiu de moda – e até mesmo os joalheiros começaram a diferenciar suas criações pelo design, pelo refinamento e não mais pelo tamanho das pedras. E misturar tudo entrou na moda, como usar o brinco de pérolas herdado da avó com o maxicolar de metal e um anel de acrílico. Esse mix dá estilo ao look!

Mais fácil quando era tudo combinadinho? Talvez... mas também muito mais sem graça! Pense: a grande transformação de uma roupa pode estar no seu porta-joias, que, com certeza, está cheio de bijoux! Seguem três dicas para acertar na escolha da joia ou da bijuteria – e para usá-las com muito efeito, independentemente dos quilates.

Misture diferentes materiais

A dúvida mais comum é combinar peças diferentes no mesmo visual. Bijoux ou joias não precisam ser todas da mesma "família": a palavra chave aqui é harmonia. Embora diferentes metais possam ser coordenados, se surgir aquela insegurança ou medo de errar, o fio condutor do equilíbrio deve ser a cor do metal: ou seja, misturar peças de estilos e propostas diferentes, mas que tenham em comum o prateado, ou o dourado, por exemplo.

Reforce o estilo dos looks com as bijoux e as joias

Esses acessórios têm o poder de definir o estilo do visual. Tomemos como exemplo um pretinho básico: enquanto um colar de pérolas e um brinco dourado tornam o look clássico; um brincão divertido de acrílico, ou borracha, e um bracelete de metal emprestam ao mesmo vestido um ar moderno. Brinque com essas variações para mudar completamente o caráter do look.

Use as versões refinadas para sofisticar produções

Quer refinar aquele look com jeans para um jantar, ou atualizar um traje para uma festa de casamento? Bijoux finas, ou semijoias, comumente misturam pedras semipreciosas e recebem banho de metais nobres (como ouro e prata). Elas conferem *status*, garantindo passe livre ao visual naquelas ocasiões que pedem um dress code mais elegante. Atenção ao acabamento das peças, fundamental para agregar sofisticação ao visual: dê preferência às semijoias feitas por ourives com a mesma técnica de produção de joias, deixando-as mais delicadas e finas. Esqueça as cópias grosseiras: mais elegante uma bela bijoux que uma imitação de joia mal-acabada.

LENÇO, CACHECOL E ECHARPE: AMARRE-SE NELES

"Um pedaço de pano" que pode transformar seu look com um toque fashion, alegre ou sofisticado, e aquecer você em manhãs e noites frias. Prático, pode voltar à bolsa – guardado ou amarrado – quando o sol esquentar, além de significar um curinga e tanto na mala de viagem. Esses são apenas alguns dos motivos pelos quais vale a pena incluir lenços, cachecóis e echarpes no seu guarda-roupa.

Não faltam fãs para esses acessórios, embora sejam pouco usados entre nós em razão das dúvidas que suscitam. Conheça a diferença entre lenços, cachecóis e echarpes e descubra como tirar proveito deles, pois mostram-se capazes de levantar o visual num passe de mágica.

Lenços

Em geral os lenços se caracterizam pelo formato quadrado e por serem feitos de tecidos mais leves, como o algodão, a seda e o cetim. Enquanto os de algodão deixam o visual despojado, os de tecidos nobres, como a seda, conferem um ar de requinte. A escolha da estampa pode ressaltar o estilo da produção: há as mais clássicas, como poás (bolinhas); as mais fashion, como animal print (estampa animal); e as mais descoladas, como as étnicas. Versátil, o lenço pode ser usado de diferentes formas: amarrado no pescoço, fazendo as vezes de cinto, no cabelo – e, se esquentar, pode ainda ser amarrado e dar um toque colorido à bolsa. Na internet você encontra vários tutoriais de como amarrar os lenços, mas não precisa inventar muito para fazer bonito: passar pelo pescoço, dar a volta e amarrar na frente sempre dá certo. Não tem segredo!

Dica

Cuidado para não cobrir o pescoço inteiro. O ideal é sempre deixar uma folga e parte do pescoço aparente para que o visual fique mais alongado. Para quem tem o pescoço curto ou está acima do peso, amarrar o lenço mais baixo faz toda a diferença!

Cachecol

Pode ser feito de tecido de lã (os mais clássicos são os ingleses, de padronagem xadrez), de tricô, crochê ou malha, e têm a forma de uma faixa, geralmente, retangular e comprida. É indicado para dias frios.

O jeito mais clássico de usar é enrolar no pescoço, fazendo um único nó na frente, mas com ambas as pontas soltas ele também fica lindo. Os cachecóis são parceiros de blusas quentinhas e casacos - afinal, além de emprestar aquela dose de charme ao look, sua principal função é proteger do frio.

Dica

Como os tecidos dos cachecóis são grossos e encorpados, evite modelos muito compridos e volumosos: menos práticos, difíceis de serem guardados na bolsa (caso esquente!) e não valorizam todos os biótipos já que "aumentam" a parte de cima do tronco.

Echarpe

É um pedaço de tecido retangular e comprido, normalmente leve, feito de seda, cetim, crepe, musseline ou algodão. Podem ser enroladas ao pescoço e com ambas as pontas para frente, com um único traspasse, ou enroladas de maneira menos formal, "mais bagunçada". Atenção apenas ao excesso de volume na parte de cima do colo, que costuma desfavorecer as gordinhas e as com muito busto. A exemplo dos cachecóis, opte pelos menos volumosas (mais fáceis de amarrar) e deixe um pedaço do pescoço à mostra (funciona para todos os biótipos).

Dica

Se a ideia é uma produção fashion, aposte na mistura de estampas. O segredo é sempre a harmonia entre elas, o que você consegue coordenando as cores. Colares alongados podem ser usados sob echarpes leves e finas. Experimente, teste e veja se o visual ficou equilibrado – caso contrário tire um dos acessórios antes de sair.

CHAPÉUS PODEM FAZER SUA CABEÇA

Sinônimo de elegância e estilo nas mais diferentes épocas, os chapéus estavam guardados no fundo do baú fashion há algum tempo, como se não combinassem com a vida moderna.

As europeias, de maneira geral, nunca abriram mão desse ícone de estilo, independentemente das tendências. A influência, principalmente, das parisienses aliada à dos rappers e ao estilo boho (abreviação de *bohemian*; ele mistura inspirações hippie, cigana, étnicas e tem o chapéu como um dos acessórios-chave) tiraram esse item dos brechós, levando-o para as lojas de departamento. Ou seja, eles estão, literalmente, fazendo a cabeça das mulheres!

Aos chapéus cabe não apenas agregar estilo ao visual, mas igualmente um papel funcional: proteger do sol e do frio. Acha lindo, mas tem dificuldade de combiná-lo com suas produções? Eis as sugestões para que você escolha um chapéu para chamar de seu.

Boné

Ok, o boné em si não é novidade, mas, sim, o jeito como ele tem sido incorporado ao figurino feminino.

A palavra "boné" tem origem francesa e originalmente designava o ofício das pessoas que teciam coberturas para cabeça, também chamadas de casquete de malha. A partir do século XIX, a peça ganhou o mundo esportivo e se popularizou nos campos de beisebol dos Estados Unidos. Com o tempo, sua utilidade saltou das arenas do esporte para as ruas, confeccionada em diversos modelos e materiais.

Hoje, ocupam o *status* de acessório fashion graças a músicos, como os rappers, que o incorporaram a seus figurinos. E nós, mulheres, que já tomamos emprestado os chapéus masculinos, também passamos a mão nos bonés, usados de manhã à noite, sempre em figurinos casuais e modernos.

Chapéu floppy

O chapéu floppy é aquele de aba mais larga, originalmente de feltro – provavelmente você já deve tê-lo visto dando pinta (e estilo) pelas ruas. O modelo ficou muito conhecido na década de 1970 usado por Brigitte Bardot, bem como por outras mulheres que frequentavam festivais de música e arte.

Esse tipo de chapéu tem como principais características a parte superior arredondada e a aba grande e de estrutura flexível, formando ondulações. Algumas versões de chapéu floppy, porém, possuem abas um pouco mais estreitas, ou firmes.

Ele pode ser usado tanto para dar aquele up nos básicos quanto com looks de inspiração nos anos 1970: fica lindo com roupas que remetem ao estilo hippie chique, atualmente chamado de "boho".

Chapéu-panamá

Ele é chique, leve e tem tudo a ver com o clima tropical. A palha do panamá cresce apenas em um único país: o Equador – os chapéus já eram produzidos há mais de mil anos pelos incas. O modelo ganhou o nome panamá no início do século XX, quando os franceses e os americanos que participaram das obras de construção do Canal adotaram os chapéus dos trabalhadores locais para se proteger do calor e da umidade. Ao retornarem a seus países, eram perguntados de onde vinham aqueles chapéus, ao que respondiam: "Do Panamá!". Estava batizado um dos modelos mais famosos do mundo.

Eram exclusivos do figurino masculino até pouco tempo, quando decidimos usá-los para complementar, e temperar com charme extra, nossas produções. Refinados e elegantes, não devem ser restritos apenas à praia: ficam lindos para compor looks urbanos e são fáceis de combinar tanto com peças modernas quanto com as clássicas. E, anote, vão bem até mesmo à noite, "arrematando" uma composição casual-chique.

Chapéu fedora

O modelo fedora é semelhante ao Panamá, mas confeccionado com feltro - e isso faz dele um ótimo parceiro de looks invernais. A exemplo do "primo" famoso, começou a fazer parte da indumentária masculina no início do século XX. Democrático em relação a estilo, apimenta desde o básico jeans/camiseta até produções românticas, de tecidos delicados - ambos os contrastes são igualmente perfeitos para quebrar a seriedade do chapéu masculino.

Chapéu clochê

Impossível olhar para ele e não lembrar de filmes com as melindrosas da década de 1920, dançando *charleston* e usando o mais romântico dos chapéus... e não desejar entrar nessa dança de chapéus também!

O clochê se caracteriza por seu formato semelhante ao de um sino e pelas abas caídas. É feito de feltro, o que lhe dá caráter invernal. Seu estilo peculiar remete ao passado e confere um charmoso toque retrô: use para reforçar a feminilidade do look, seja ele um tubinho preto, seja ele um modelo vintage.

Onde e quando?

- Eventos durante o dia e ao ar livre, como casamentos, almoços, festas beneficentes, chás.
- Festivais de música e shows.
- Passeios em dias frios, ou ensolarados (há modelos para ambos!).
- Praia.
- Campo.

Onde não usar

- À mesa de refeições.
- Em locais fechados, como teatro, cinema, shows.
- Em locais de trabalho, a não ser que seja um chapéu de segurança, ou a peça faça parte do uniforme.

"Cada um dos seus vestidos aparecia-me como um ambiente natural, necessário como a projeção de um aspecto particular de sua alma."

MARCEL PROUST,
em Gilda de Mello e Souza,
O espírito das roupas: a moda no século dezenove

cada ocasião com sua pompa e circunstância

Tenho um sonho mal, quase um pesadelo, e ele é recorrente, retorna de vez em quando, sem aviso--prévio. Estou participando de um evento num cenário que, às vezes, lembra o de uma cerimônia religiosa, outras tantas de uma festa, ou até mesmo de uma reunião de trabalho... Nunca nada é nítido, preciso, claro. As imagens parecem fora de foco, distorcidas, mas a sensação que me domina é a mesma: desconforto, inadequação, constrangimento... Por quê? Simplesmente porque estou de pijama!

Imagino que qualquer uma de nós poderá sentir-se personagem de um sonho mal ao usar um traje incompatível com a ocasião. O ambiente de trabalho, as diferentes cerimônias festivas ou religiosas, o ritmo das viagens de trabalho ou de lazer, a atmosfera dos dias de descanso, enfim, cada circunstância (tenha pompa ou não), cada oportunidade, cada situação possui seu próprio código do vestir. Conhecer e saber usar esse código não só evita o pesadelo do embaraço, como reafirma a elegância, a delicadeza, o bom gosto de uma mulher. Mais ainda, marca sua presença, revela sua personalidade e, sobretudo, traduz seu estilo de ser e de se fazer presente.

NO TRABALHO, SUA IMAGEM FALA POR VOCÊ

Você se preocupa com sua aparência no ambiente de trabalho? Se a resposta foi positiva, ótimo: você pode ganhar até 20% a mais por causa disso. Não sou eu quem está afirmando, não, mas uma pesquisa feita pela Universidade de Harvard.

Com base nesse estudo americano, uma publicação propôs que dois executivos, um homem e uma mulher, fossem entrevistados por empresas de recolocação em duas situações distintas: na primeira, usando looks apropriados e, na segunda, vestidos totalmente fora dos padrões corporativos. O resultado? Com o mesmo currículo e experiência, os "mal-arrumados" foram desqualificados. Os de aparência bem-cuidada, além de recebidos com cortesia, foram otimamente avaliados.

"Ah, deveriam se preocupar com a essência das pessoas" – você pode estar pensando. Mas, numa entrevista de emprego, você acha realmente possível captar muito além das mensagens exteriorizadas pela maneira como o candidato se apresenta?

Dentes malcuidados e unhas mal--feitas, que mensagens passam a você? Desleixo, não? Pois também é essa a possível impressão do entrevistador, ainda que a pessoa não seja desleixada. Percebe como nossa imagem fala por nós?

E, para a rotina de trabalho, como montar o guarda-roupa? Evidentemente, existem empresas e atividades diferentes umas das outras. Algumas são bem formais, enquanto outras admitem a informalidade do jeans todos os dias. Mas é bom lembrar que trabalho não é lazer e que alguns comprimentos, detalhes e mesmo peças devem se restringir às horas de lazer e diversão.

Paralelamente, à medida que a temperatura se eleva, as dúvidas aumentam: como manter a discrição necessária num ambiente de trabalho de características formais sem passar calor? No inverno, cortes e cores mais sóbrios acabam dando aquela ajuda, mas com a primavera começam a subir os termômetros e as bainhas; cores e estampas se tornam mais vibrantes e sobram perguntas sobre o que convém ou não usar na empresa. A boa notícia: dá, sim, para aliar sobriedade ao frescor nas estações mais quentes.

E, se sua aparência "fala", aqui vão dicas essenciais para ajudá-la a encontrar o vocabulário mais apropriado ao ambiente de trabalho, e uma linguagem capaz de "dizer" apenas coisas positivas a seu respeito.

1. Decotes ousados e brilho são o máximo, mas não combinam com a atmosfera de trabalho!

Prefira blusas de modelagens modernas, porém discretas. Acessórios extravagantes, peças muito justas, decotes profundos, barriga de fora, microssaias e shorts não fazem parte do dress code corporativo em ambientes convencionais de trabalho. É importante transmitir credibilidade, não sensualidade.

2. Os terninhos são bem-vindos.

Prefira qualidade à quantidade: tecido de bom caimento e modelagem elegante e confortável fazem a diferença. Sem esquecer a durabilidade e a versatilidade, pois as peças também podem ser usadas separadamente.

3. Não gosta de nada "combinadinho"?

Coordene as peças de alfaiataria (calças retas, paletós e saias lápis) com blusas modernas: basta uma cor ou um corte diferenciado para tirar o look de trabalho do lugar-comum.

4. Recorra aos acessórios para atualizar vestidos básicos.

Vestidos na altura do joelho, de gola careca e sem mangas, são curingas no guarda-roupa de trabalho graças à polivalência e à fácil adaptação às mais diferentes temperaturas. No "calorzão", dispense as sobreposições e capriche nos acessórios: colares alongados, escarpins coloridos, sandálias com design diferenciado e os mais variados cintos são boas opções para dar um up aos looks.

5. Sobriedade sim, monotonia não!

Cores e estampas ajudam a modernizar peças de modelagens mais sóbrias. Um discreto tie-dye (tipo de tingimento que forma degradês de cores) basta para dar um toque de verão ao tradicional vestido-camisa. Vestidos soltinhos e com mangas ganham modernidade se as estampas forem florais ou geométricas, bem-vindas também no trabalho.

6. Camisas quebram a sensualidade da saia lápis (e mantêm o frescor!).

Saias lápis perfeitas para trabalhar são as confeccionadas de tecidos encorpados (evite as de malha), de corte não muito justo, delineando as formas sem marcar. Emprestada do guarda-roupa masculino, a camisa é o complemento ideal, pois dá aquela "quebrada" na sensualidade e compõe um visual moderno: prefira os tecidos chiques, mas fresquinhos, como o cetim, a seda e o tricoline...

7. No lugar da tradicional calça reta, que tal versões executivas da pantalona e da flare?

Para "pegar no batente", elas também podem ser feitas em tecidos de alfaiataria. Acompanhadas de camisas estampadas, ou pelo "combo" regata de seda + casaqueto colorido, são ótimas parceiras de trabalho. Mesmo no verão, há dias em que os casaquetos são indispensáveis: basta lembrar do ar condicionado e de uma eventual e brusca virada do tempo. Além de agregar estilo ao look do dia, o casaqueto socorre nas intempéries.

8. Os macacões fazem bonito no trabalho.

De tecidos de alfaiataria, mais leves e apropriados para o calor, ou de jérsei, os macacões fazem bonito no trabalho – e fora dele! O grande trunfo da peça é sua praticidade, pois não requer complementos: em dias de pressa, é vestir e sair (elegante!). Além disso, o macacão alonga a silhueta, principalmente nas versões monocromáticas e de pernas retas.

9. O corte de cabelo reforça seu estilo.

Escolha um adequado à sua personalidade: mais clássico e discreto ou moderno e arrojado, o importante é que ele seja capaz de a valorizar e de fácil manutenção no dia a dia.

10. Faça da maquiagem sua aliada.

Bem leve, apenas para corrigir e garantir um ar saudável. Às vezes nossas olheiras estão enormes, sim, mas quem precisa saber disso?

11. Higiene pessoal é tudo!

Nem se faz necessário lembrar que o cabelo deve estar sempre limpo, assim como as unhas, ainda que você esteja usando apenas uma base transparente. Não esqueça: sua imagem "fala" por você! Use essa informação fazendo escolhas competentes, indispensáveis para transmitir credibilidade e profissionalismo. Sucesso!

MODA FESTA: HAJA DÚVIDAS!

Entre as várias dúvidas de moda sobre as quais sou consultada diariamente, as relacionadas ao que usar em festas são de longe as campeãs de audiência. Como nem sempre temos a possibilidade de vestir longos sofisticados, adotar brilhos, ousar no cabelo e na maquiagem, ficamos inseguras quando tais ocasiões se apresentam.

Ao juntarmos todas as ideias para o look da festa – vestido, acessórios, propostas de penteado e maquiagem –, as questões começam a pipocar: "Será que está apropriado para o horário?"; "A modelagem me favorece?"; "Com quais acessórios combino?"; "E o penteado, solto ou preso?"; "E a sombra nos olhos, cintilante, perolada ou opaca?"; "E o batom?". São mesmo muitas as peças para completar o "quebra-cabeça" do look perfeito!

Não há mês mais comemorativo que dezembro: a "festa da firma", a confraternização com amigos queridos, a ceia e o almoço de Natal, e, logo na semana seguinte, o brinde ao ano que se inicia: o réveillon. Sem contar os eventuais casamentos e formaturas... ufa!

Se às vezes falta fôlego para acompanhar tanta festança, sobra preocupação com o que usar – embora atualmente o que chamamos de "dress code", ou seja, o código de vestir, esteja menos exigente e, em parte dos eventos, seja possível ir até de calça jeans. Mas o ritual de se arrumar e o prazer de desfilar com roupas diferentes das do dia a dia fazem parte da liturgia de tais datas, tornando-as tão especiais.

Achar a medida adequada entre a produção e o evento é o grande desafio. "Com esse look, vou chamar muito a atenção?" ou "Não estou simples demais?" – essas são algumas das questões a assombrar a maioria de nós na hora da escolha. Pois aqui está o segredo revelado: a fórmula é dosar a sofisticação do look de acordo com o horário, o local e o tipo de evento. Afinal, roupa linda há às pencas por aí. Nossa tarefa é encontrar aquela que, além de nos valorizar, seja confortável e adequada para a ocasião.

O que usar na "festa da firma"?

É chegada a semana das confraternizações e a esperada "festa da firma". Hora de liberar geral, "colocar as manguinhas de fora" e investir nas peças proibidas durante o ano todo? A resposta é um sonoro NÃO! A primeira regra a não perder de vista é que não dá para dissociar a festa do trabalho. Neste caso, trata-se da festa "da empresa" e não do churrasco com os amigos no final de semana, certo?

O dress code vigente na firma dá o tom dos looks também no final do ano. Se a companhia é rígida em relação ao figurino, vale manter o padrão e não ousar muito. Porém, se o ambiente diário for informal e durante o ano inteiro valer (quase!) tudo, o bom senso continua sendo a medida.

As peças "proibidas" na maior parte dos locais onde exercemos nossa profissão também não devem ir à "festa da firma": comprimentos mínis, decotes ousados, barriguinha à mostra, modelagens muito justas, jeans rasgados, minishorts – roupas sensuais ou despojadas demais, melhor evitar.

Mas e se a confraternização for num churrasco, por exemplo? Resposta: montar um look casual e discreto. Se a ideia é sair do trabalho e ir direto para a festa, experimente trocar os acessórios – uma camisa e uma saia lápis ganham ares de festa com um maxicolar, sandálias de salto alto e uma clutch colorida. Uma caprichada extra na maquiagem também "levanta" e dá ar sofisticado à produção.

Se na hora H bater aquela dúvida, tenha em mente a definição de elegância do estilista francês (e mestre do "chique") Christian Dior: "A elegância deve ser um equilíbrio entre a simplicidade, a atenção, o natural e a distinção" (ÖRMEN, 2013, p.12). Se você combinar tudo isso, vai contar pontos para sua imagem na festa da firma... e na vida!

Jantar: formal ou informal?

Pergunte à sua avó se jantar fora antigamente não era um acontecimento! Nos tempos modernos, boa parte do antigo glamour se esvaiu, embora a liturgia do vestir-se continue dando brilho às diferentes ocasiões, revelando a atenção que dispensamos a ela.

Mesmo se o jantar for informal, vale o capricho. Para essas ocasiões, o jeans está liberado. Associar uma peça mais formal – seja ela uma camisa, um blazer, seja um colete de alfaiataria – garantirá um ar elegante ao look, especialmente se acompanhado de salto alto e bolsa pequena. Esses mesmos acessórios vão bem com aquele seu vestido curto, de tecido mais refinado, com um macacão e até mesmo com uma t-shirt e saia mídi. Qualquer uma das harmonizações fará bonito num jantar casual. Se a dúvida persistir, e você se sentir insegura sobre "ficar de mais ou de menos", faça o que a moda chama de "hi-low": misture uma peça descontraída com outra mais formal. Sempre funciona!

Se o convite for para um jantar formal, primeiramente certifique-se de quão formal ele será. Um evento da empresa, por exemplo, exige traje diferente de um de gala. De qualquer maneira, eventos formais pedem looks sociais: um terninho, um macacão ou um vestido na altura do joelho, de tecidos refinados, mais salto alto e clutch estão à prova de erro.

Entretanto, se o convite for para um jantar de gala, prepare-se: toda pompa será bem-vinda! Gala pede longo, seja ele minimalista, seja ele todo bordado – isso vai depender de seu estilo. Salto, clutch, cabelo e maquiagem mais elaborados completam a produção. Para mais ideias sobre o que usar? Leia este capítulo até o fim, pois há muita festança pela frente!

Natal: looks na medida para sua celebração

Então (já!) é Natal! E, em meio a preparativos e compra de presentes, a dúvida: o que vestir? Por ser uma festa familiar e, ao mesmo tempo, uma das datas mais celebradas no ano, a dificuldade parece ainda maior: a produção não exige a sofisticação de um look de casamento, mas deve fugir da mesmice. O desafio está em encontrar um look sob medida para seu tipo de festa.

A tradição do vermelho

Uma das dúvidas mais comuns é em relação a usar, ou não, o vermelho, cor incluída na história do Natal graças ao simbolismo religioso e que acabou virando tradição. Na moda, o vermelho tornou-se um clássico, e vestido nesse tom faz bonito não só na noite de Natal, mas nas "noites felizes" e festivas durante o ano todo. Tão atemporal quanto um pretinho básico, embora mais marcante, vale o investimento.

Outra questão em relação ao vermelho: todo mundo pode usar? Novamente afirmo: mais do que à cor, é importante prestar atenção à modelagem, pois ela é que produz o efeito de alongar, afinar ou aumentar a silhueta. As cores e as estampas vão ressaltar o efeito da modelagem. Portanto, se o corte valoriza seu tipo físico, o vermelho está liberado! Em vestidos longos, ou curtos, a cor rouba a cena e pede produções mais limpas, sem excesso de detalhes ou de acessórios (ninguém quer "concorrer" com a feérica árvore de Natal, concorda?). Metalizados também são bem-vindos: ainda que a celebração não seja sofisticada, um toque de brilho ajuda a deixar a noite ainda mais alegre. Afinal, quem faz a festa somos nós!

Produções sofisticadas para ceias refinadas

Se o seu Natal será um luxo, a ordem é sofisticar. Um pretinho "paetizado" (recoberto de paetês) tem passe livre em qualquer tipo de comemoração, e sai do Natal para baladas ou casamentos de acordo com o estilo dos acessórios. Reúso garantido! Modelos estilo "ladylike" são muito elegantes. A única ressalva: devem ser evitados por quem tem quadril largo, pois o volume da saia "aumenta" as medidas. Longos não são apenas para "superfestas": desde que o modelo seja clean (isto é, limpo) e o tecido fresco e maleável, ele pode ser boa companhia na noite de Natal.

Looks despretensiosos, mas elegantes

Se a descontração dará o tom de sua ceia, ou se você vai receber em casa, dê ênfase para os looks confortáveis e, claro, cheios de estilo! Normalmente, quem recebe não para e deve estar sempre pronta a atender seus convidados. Modelos com saia levemente evasê, de tecidos que não amassem facilmente, também são boa opção, já que se mantêm alinhados seja lá como for a labuta.

A combinação de um top e saia longa é atual, elegante, e vai deixá-la muito à vontade. Shorts também tem seu lugar garantido na noite de Natal: a ideia, porém, é investir em modelos "arrumados", como os de alfaiataria, e usá-los em produções mais refinadas. O macacão é outra peça capaz de aliar conforto à elegância. Com decote V e pernas retas vai bem para todas, pois valoriza e alonga a silhueta. E dê uma atenção especial aos sapatos, sempre de modelagem e saltos confortáveis.

Réveillon: saudando o novo ano

A palavra *réveillon* importamos dos franceses – derivação do verbo *réveiller*, "acordar", mas que em tradução livre significa o "despertar do novo ano". Já a tradição de usar branco veio da cultura africana, e se difundiu mundo afora.

O branco é obrigatório?
Não, usar branco não é obrigatório, mas vou confessar: acho lindo ver aquele "mar" de gente à beira-mar vestindo a cor símbolo da paz. Entretanto, não será a cor a determinar o estilo do seu look de *réveillon*, mas, sim, o "tom" da celebração. Qual será ele? Você festejará informalmente na praia, ou numa festa formal? Peças despojadas, de malha, renda ou laise, aliam descontração a um "efeito" arrumado, e são perfeitas para comemorar mais à vontade, até mesmo com os pés na areia. Mas, saudar o Ano-Novo em uma festa chique, pede traje formal: um longo moderno sempre faz bonito.

Não sou nada supersticiosa: passo sem cerimônia debaixo de escadas e adoro gatos pretos. Mas acredito piamente no poder das cores para levantar o ânimo, iluminar o olhar e alegrar a vida. Em países frios, de céu quase sempre cinza e onde as pessoas se vestem frequentemente de cores escuras, o índice de depressão é maior. O sol, a luz, o colorido da natureza promovem uma sensação inconsciente de bem-estar, passível de ser reproduzida no nosso dia a dia quando usamos visuais coloridos.

Receber o ano com sua cor favorita, ou usando o tom símbolo de seus desejos para o Ano-Novo, é uma grande decisão! Só não prometo que brindar à meia-noite de amarelo realmente traga dinheiro, ou, de vermelho, uma nova paixão, mas pode estar certa de que a cor vai deixá-la mais bonita, iluminada e levantar seu astral! Ah, isso eu garanto!

Casamento

Poucos convites nos mobilizam tanto quanto o de um casamento. É tê-lo nas mãos (ou, às vezes, apenas ficar sabendo do acontecimento!) e já passamos a sonhar com o vestido ideal. E não estou falando da noiva, não, mas de nós mesmas, simples coadjuvantes! Uma festa responsável por nos tirar do cotidiano, acenando com a magia de transformar "gatas borralheiras" (de jeans e t-shirt) em Cinderelas deslumbrantes, mexe muito com nosso inconsciente. Freud explica... rsrsrsrs

Com tantos vestidos maravilhosos, não seria difícil achar o look perfeito não fossem tantas as variáveis a levar em conta: o estilo da cerimônia; onde será realizada; o horário; se você é somente convidada ou madrinha; as eventuais solicitações da noiva... Tudo somado ao seu gosto pessoal mais as particularidades do seu tipo físico garantem um quebra-cabeça nada fácil de resolver. Mas justamente o elaborado encaixe de todas essas pecinhas é que acaba por tornar a busca tão especial. Vamos tentar simplificar a procura pelo seu look ideal?

Casamentos na praia

Se o convite é para um casamento pé na areia, acredite: ele pode ser literal. Não são poucos os noivos que estão abrindo mão da pompa convencional – e dos sapatos – para fazer uma animada festa à beira-mar. Mas, apesar das peculiaridades, um casamento na praia não deixa de ser um casamento! Ou seja, uma ocasião merecedora do devido capricho, mesmo à moda praiana.

Embora o cenário seja o mesmo, há diferentes estilos de casamento à beira-mar – e, portanto, os códigos de vestir variam. Há os realizados pela manhã literalmente na areia, bem como os que oferecem aos convidados a vista da praia a ser apreciada de um sofisticado salão de festa. Para não errar é preciso ter informações de onde e como será a cerimônia. Algumas dicas sobre a arte de escolher o que vestir somando estilos: o do casamento e o seu.

Certifique-se de onde serão realizadas a cerimônia e a festa.

Tais informações fazem a diferença até mesmo na escolha dos sapatos. Afinal, salto alto não combina com areia!

Cerimônias "pé na areia" não significam obrigatoriamente que se deve comparecer a elas descalço.

Alguns casais solicitam aos convidados para tirarem os sapatos, mas a iniciativa deve partir dos noivos, combinado? Sandálias rasteiras sofisticadas, com pedrarias, metalizadas, ou, se preferir, um modelo nude chique são as melhores escolhas. Anabelas baixas também podem ser opção para quem não abre mão de um "saltinho".

Enquanto na maior parte das cerimônias o branco é exclusivo da noiva, nos casamentos praianos eles costumam ser bem recebidos.

Normalmente os noivos fazem uma observação no convite quando o branco é o traje indicado.

Boas ideias à beira-mar.

Vestidos de tricô ou crochê; vestidos fluidos de tons pastel ou estampas suaves; macacões (para convidadas). Os tecidos devem sempre ser refinados (para garantir o ar de festa), mas o comprimento ficará à sua escolha. Atenção aos longos: evite que a barra arraste na areia.

Maquiagens suaves.

Já os cabelos podem variar de um descomplicado messy (aquele bagunçadinho com efeito de praia) a tranças e rabos de cavalo.

Casamento campestre

Há pouco tempo fui num lindo casamento campestre. Minha primeira preocupação não foi o vestido, mas os sapatos: comprei uma sandália com meia pata na frente e salto grosso, capaz de se harmonizar com qualquer look escolhido. Tive sorte por me preocupar com o sapato: no dia da cerimônia choveu, e as mais desavisadas de salto fino enfrentaram não apenas o obstáculo da grama, mas o da grama molhada! Algumas convidadas espertas, cientes do quão difícil é andar de salto alto na grama, foram de chinelos de dedo (!). Mas, com a chuva, acabaram molhando os pés.

A escolha do traje para uma celebração importante sujeita a intempéries (chuva) e realizada em área cujo solo dificulta o simples caminhar (grama ou areia) é quase uma prova de obstáculos para quem não faz isso com frequência. Mas, com um pouco de informação (e prudência), os obstáculos, um a um, serão vencidos e você se sentirá linda, e confortável – pois conforto é fundamental! Algumas dicas:

Vestidos de tecidos fluidos, cores e estampas suaves combinam perfeitamente com casamentos campestres.

Branco fica restrito à noiva, a menos que ela peça (pedidos da noiva são uma ordem!).

Convidadas ficam livres para usar qualquer comprimento: mini, mídi ou longo.

Atenção, o tecido precisa ser refinado para fazer a diferença: malha, por exemplo, não tem a sofisticação pedida por uma festa de casamento. Longos são lindos da manhã até a noite: tudo vai depender do modelo e da produção. Pela manhã, por exemplo, tudo deve ser mais suave: do vestido minimalista (ou seja, limpo, sem muitos detalhes) à maquiagem, natural, sem qualquer exagero.

Uma alternativa aos vestidos? Macacões.

São chiques, elegantes e têm substituído vestidos até mesmo no red carpet.

Nos horários mais tardios, à luz de holofotes, velas ou candelabros, doses de brilhos e bordados podem fazer a festa.

Mas cuidado com o estilo da cerimônia e, sobretudo, com o seu próprio estilo!

Opte por sandálias com meia pata e salto grosso ou anabelas mais refinadas.

Ainda que haja um espaço fechado para a festa, casamentos no campo necessariamente farão você caminhar por diferentes tipos de solo – da grama a uma estradinha pedregosa. Nunca se sabe!

Casamento tradicional

Entrar de véu e grinalda na igreja, ao som da marcha nupcial, e seguir para uma grande festa: muitas noivas, desde meninas, sonham com um casamento clássico.

Realizados normalmente à noite, eles são mais formais e pedem um look social – que pode ser adaptado à sua moda, desde que não fuja do dress code.

O comprimento mais certeiro é o longo. Com um elegante vestido longo, de material sofisticado, capaz de valorizar seu corpo, "acessorado" por sandália de noite, carteira de mão, joias ou bijuterias sofisticadas, você nunca estará nem demais nem de menos.

Enquanto as madrinhas ficam restritas ao longo (salvo se a noiva propuser outro estilo), às convidadas cabem tanto um vestido mais curto, ou mídi, quanto as opções menos convencionais, como smoking ou macacão.

E, como a noite torna tudo (ou, quase tudo) permitido, seguem-se ideias para seu look ideal, em meio a comprimentos e estilos variados, plumas e paetês:

Brilhos e bordados elevam o status de sofisticação do vestido.

Vale brilhar à sua moda: de maneira mais discreta, com um bordado localizado, ou num look total. Mas lembre-se: elegância e exagero são contraditórios.

Tons de nude claros e branco estão em alta e sofisticam peças de gala.

Mas, em casamentos tradicionais, ficam restritos à noiva, combinado? Nada de ser confundida com a dona da festa!

Sandálias de salto fino fazem bela parceria com todos os comprimentos e estilos

Esqueça a ideia de forrar o sapato com o mesmo tecido do vestido: uma sandália refinada nude vai bem com todas as cores! Escarpins são ótimos parceiros de vestidos mais curtos.

Vai de longo, não está habituada com salto, e será obrigada a ficar muito tempo em pé?

Uma sandália com meia pata e salto grosso vai deixá-la à vontade. Mas atenção: o truque vale apenas quando usado com longos, pois sandálias pesadas deixam o look menos formal.

A carteira também não precisa ser do mesmo tecido nem da cor do vestido ou do sapato.

Um vestido minimalista pode ser acompanhado por clutch bordada ou pode-se optar por uma bolsa de mão clean quando o vestido for um brilho só.

O cabelo e a maquiagem ajudam a sofisticar e construir o look.

Busque referências que estejam alinhadas com o seu estilo: teste antes para que esteja confortável e segura nessa versão sofisticada e festiva de você mesma!

Festa à prova de frio

Pode reparar, seja qual for a temperatura, em eventos de gala os vestidos são quase sempre leves e vaporosos, como se a moda de festa não contemplasse os dias frios. Verdade seja dita, no inverno realmente é mais difícil montar um look "a rigor": as imprescindíveis sobreposições sempre geram dúvidas quando se trata de eventos sofisticados.

Tudo bem, concordo: quando a gente quer estar linda, faz até alguns sacrifícios, como aguentar saltos mais altos que de costume. Mas passar frio, nem pensar! Ao contrário dos demais segmentos da moda, os visuais de festa sofrem menos interferência da sazonalidade, por isso é comum no inverno encontrar modelos tomara que caia nas vitrines. Os clássicos podem ser usados em qualquer estação e são sempre os mais numerosos nas lojas porque são os mais solicitados. Afinal, a gente procura investir num vestido de festa que possa ser aproveitado em diferentes ocasiões.

Quando você tiver uma festa especial no inverno, não esqueça as sugestões a seguir, porque, tiritando de frio, não há mulher capaz de se sentir segura!

Vestidos com mangas longas

Se você vive numa região fria, um vestido de mangas compridas pode ser um bom investimento, principalmente quando confeccionado de tecido quentinho, como o veludo. Mangas transparentes também podem dar boa cobertura: o tule, por exemplo, é fino, mas aquece. Uma ideia ousada é usar um suéter de cashmere fino sobre o vestido – opção moderna e fashion de sobreposição.

Paletós e blazers

Paletós com gola smoking de cetim ganham em refinamento, mas os blazers de materiais finos – crepe, por exemplo – também podem ser alternativas de sobreposição. Vão bem com vestidos curtos ou na altura dos joelhos, de modelagem levemente ajustada. A combinação com longos já se mostra mais audaciosa: neste caso, o ideal é que o comprimento do blazer, ou paletó, fique logo abaixo do quadril para emprestar equilíbrio e proporção à silhueta.

Pashminas e estolas

O nome do fio tecido com pelo de cabra – pashmina – acabou sendo popularizado e se tornou sinônimo do xale quentinho que dá para usar com jeans ou com trajes de festa. Estolas, principalmente de veludo, ou pele sintética (a gente por aqui não é a favor das verdadeiras!) também ajudam a espantar o frio com estilo. As pashminas ou as estolas não precisam ser da mesma cor da roupa: embora o "conjuntinho" também seja bem-vindo, você pode escolher qualquer tom que se harmonize com seu look ou até fazer um contraste caso deseje um efeito supermoderno.

Casacos fashion

O casaco pode ter a função não só de aquecer, mas de reforçar o estilo fashion. Peles sintéticas deixam o visual mais luxuoso e divertido. Casaquetos bordados também aquecem e, com frequência, se transformam no ponto alto do look. Quebrar a sobriedade e jogar uma jaqueta de couro sobre o longo é outra possibilidade – desde que a composição, fashion e despojada, faça seu estilo e caiba no espírito da festa. Atenção: se o evento for superformal, é melhor optar por outras sobreposições sugeridas.

Pelerines

Nascido literalmente em berços reais, o casaco estilo capa, que por centenas de anos ajudou a compor o visual soberano de reis e rainhas, é um complemento perfeito para vestidos de festa. Na versão mais curta, de tecidos nobres como o veludo, reforça a sofisticação de vestidos enquanto nos mantém quentinhas – tudo isso com o "discreto charme" da realeza.

Dez detalhes para não esquecer

Acertar no look de festa não é simples: da modelagem ao comprimento, do decote aos sapatos, tudo conta pontos. A favor ou contra! Até as celebridades, que dispõem de assessoria, às vezes "derrapam" nas escolhas! Uma dose de bom senso ajuda, mas a observação de alguns detalhes pode ser preciosa e ajudá-la a colecionar apenas pontos a seu favor.

1. Atenção ao comprimento da barra.

Comprida demais, ela faz com que você literalmente tropece... e derrape na elegância!

2. Cuidado para que o look fashion não se transforme em fantasia.

Acessórios e bom-humor são preciosos, desde que na medida certa.

3. Esteja certa de não marcar regiões do corpo que não deseja evidenciar.

A barriguinha, por exemplo. Se a ideia é disfarçar, evite modelagens justas.

4. Não calce sandálias rasteiras em eventos muito sofisticados.

Sim, elas são um charme, e podem até acompanhar longos, mas não em ocasiões de gala como um casamento à noite.

5. Fuja de decotes capazes de desfavorecê-la.

Se achatou o busto, esqueça, pois esse detalhe basta para comprometer a elegância.

6. Não use vestidos brancos e off white em casamentos.

Eles são tons exclusivos da noiva.

7. Nem cogite parecer personagem de conto de fadas.

Buscar alguma inspiração nas princesas não é proibido, desde que a reproduções dos looks não sejam literais, pois corre-se o risco de virar caricatura.

8. Dispense os volumes que criam a impressão de "arredondar" a silhueta.

As peças podem até ser muito estilosas, mas é preciso estar atenta ao "efeito de sobrepeso".

9. Atenção à falta de lingerie.

Um adesivo para não marcar o seio ou ainda um sutiã e uma calcinha nude sem costura caem bem e evitam o "efeito vulgar".

10. Desista de querer parecer mais jovem a todo custo.

O resultado acaba sendo exatamente o contrário.

As dez dúvidas mais comuns de moda festa

Tapetes vermelhos de premiações famosas como o Oscar e o Grammy são anualmente passarelas para grandes estrelas e outras celebridades que gravitam em torno do mundo do cinema e da música. Como em toda boa festa há de tudo: inspirações para a gente guardar e deslizes exemplares do que não fazer. Observando tais "tapetes mágicos" ao longo de anos, e as perguntas que me são feitas com frequência, selecionei pontos importantes que vão ajudá-la a tomar decisões de agora em diante.

1. Posso ir de calças a eventos sofisticados?

Looks como o smoking – conjunto de paletó e calça apresentado às passarelas por Yves Saint Laurent na década de 1960 – têm passe livre em noites de festa. Clássico, é uma opção cheia de estilo, e que chama atenção por fugir do convencional. Macacões refinados também são desejáveis. Mas atenção: se a festa pedir traje de gala, ou se for madrinha num casamento, opte por vestido.

2. Brilhos e bordados só à noite?

Não, você também pode brilhar à luz do sol: apenas equilibre a "intensidade" de brilho, mais suave, e o look, mais despojado. Reserve os longos totalmente rebordados para a noite.

3. O que devo analisar na hora de optar por uma modelagem?

O corte do vestido, acima de tudo, deve favorecer suas formas. Nada mais prejudicial para a elegância quanto um vestido de costuras repuxadas ou marcando a barriga e os culotes.

4. Como usar um look sensual sem parecer vulgar?

Encontrar o equilíbrio entre a sensualidade e a elegância não é tão difícil assim: basta "revelar" de forma sutil. Um decote pronunciado pode ter o contraponto de mangas sequinhas, e uma microssaia "exibe" as pernas de maneira mais discreta se for recoberta por saia transparente.

5. Já sou uma senhora: como aliar modernidade e discrição?

A atriz Hellen Mirren, 71 anos, ao ser homenageada pela Academia Britânica de Artes do Cinema e Televisão (BAFTA) compareceu à cerimônia tão elegantemente vestida que foi considerada uma das mulheres mais bonitas e modernas da noite. A modernidade ficou por conta da modelagem do longo, com saia em várias camadas recortadas de tule. Mangas transparentes cobriam os braços com leveza. Brilhos sutis no tom do vestido completaram um dos mais belos looks da noite, que certamente fez os olhos de muitas garotinhas brilharem! Hellen, Jane Fonda, 78 anos, Meryl Streep, 67, estão entre as muitas "senhoras" que nos inspiram com seus looks nos tapetes vermelhos. O segredo? Adotarem peças que valorizam suas formas; equilibrarem modernidade com classe e jamais desejarem parecer menininhas, mas apenas mulheres que, como bem disse Coco Chanel, podem ser irresistíveis em qualquer idade.

6. Como o penteado e a maquiagem impactam um visual?

Não bastam vestido e acessórios: o cabelo e a maquiagem completam a produção – para o bem... ou para o mal! O look é formado pelo todo e, nesse quebra-cabeça, o impacto de uma make bem-feita e um cabelo que a valorize e combine com o look é fundamental. Para não errar? Acima de tudo não exagere! Maquiagens que transformam a ponto de as pessoas comentarem "nossa, é você!" não é a intenção. A ideia é você se apresentar na melhor versão de si mesma.

O segredo para acertar está também no equilíbrio: looks mais minimalistas podem ser acompanhados de maquiagens mais elaboradas; enquanto aqueles inteiramente rebordados pedem maquiagens mais suaves. Bom senso é a palavra de ordem para manter a elegância – nos looks assim como na vida.

7. Posso usar um longo preto de dia? E como madrinha?

Embora cores claras e estampas caiam bem em festas diurnas, o preto não está proibido. Mas atenção: é preciso que ele esteja de acordo com a proposta da festa. Num evento diurno, o modelo deve ser leve e fluido. Longos encorpados, de tecidos brilhantes e com saia estilo sereia são indicados para a noite. No altar, melhor evitar: não é de bom-tom madrinhas usarem preto.

8. Qual a melhor modelagem para as gordinhas?

Vestidos com saias de caimento reto, nem coladas ao corpo nem amplas demais, são as mais elegantes para as cheinhas. Nada muito justo nem que crie volume. Decotes em V também ajudam a alongar o colo.

9. Afinal, qual a altura ideal de barra para os longos?

Os longos estão, sim, cada vez mais longos – não é apenas impressão. Muitas vezes o comprimento acaba por cobrir o sapato. Mas cuidado com as barras que dificultam o andar: afinal, elegância também é conforto. Encontre um comprimento que a deixe confortável. Em caso de dúvida, tome como base para a altura da barra o peito do seu pé.

10. O que devo levar em conta na hora de escolher os acessórios?

Os acessórios reforçam o estilo. Quer deixar o look mais sofisticado ou moderno? Braceletes, cinto metalizado e brincos menores podem modernizar um clássico tomara que caia. Se a ideia for ganhar sofisticação, escolha bijoux e joias mais refinadas como brincos alongados com pedrarias; colares estilo gargantilha e pulseiras finas. Lembre-se de que as peças não precisam ser de um mesmo conjunto, mas estar em harmonia. Na dúvida, opte por peças que tenham o mesmo metal de base, por exemplo, ou dourado, ou prata. E um mix entre acessórios com pedrarias e outros lisos é bem-vindo, já que dá leveza ao visual.

LAZER: CONFORTO COM ESTILO

Durante séculos o conceito de elegância esteve intrinsecamente ligado ao do desconforto. Sim, você leu corretamente: a palavra é mesmo desconforto. Como sofreram as mulheres ao longo da história, apertadas em espartilhos, oprimidas por anquinhas e incontáveis camadas de saias e anáguas, equilibrando pesadas perucas e outros inacreditáveis adornos de cabeça. No livro *História das mulheres no Brasil*, organizado pela historiadora Mary Del Priore, o capítulo "A arte da sedução: sexualidade feminina na Colônia", assinado pelo professor Emanuel Araújo, traz uma citação do padre e escritor português Nuno Marques Pereira que exemplifica bem um desses "instrumentos de tortura". Em torno do ano 1670, a moda "pata" exigia cabelos armados por estruturas de arame. E tais armações cresceram tanto "que para poder entrar uma mulher com este enfeite nas igrejas era necessário que estivessem as portas desimpedidas de gente" (DEL PRIORE, 2006, p. 54). É ou não inacreditável?

Mas, com a evolução do papel feminino na sociedade – a mulher acumulando múltiplas funções –, fomos nos despindo dos excessos de uma moda com frequência linda, entretanto incompatível com nossas atividades. Era preciso que as coisas ficassem um pouco mais práticas. E, como observou o estilista francês Christian Lacroix, "a rua é perigosamente criadora". E nós, mulheres, acabamos inventando moda, e demos até um jeito de incluir o mais confortável dos calçados, os tênis, em produções glamourosas.

A boa notícia é que nunca foi tão fácil aliar conforto com estilo. Se antigamente "roupa social se usava com sapato social", hoje essas regrinhas foram quebradas e misturar estilos virou fashion. Uma saia mídi, por exemplo, antes acompanhada apenas por sapatos refinados, como o scarpin, atualmente desfila com calçados esportivos, como tênis e chinelos – esses últimos alçados à moda sob o nome de "slide".

Claro, tudo depende da ocasião, além do dress code a ser respeitado no ambiente de trabalho e em festas especiais, como você está observando neste livro.

REAL LIFE

Ainda assim sobram opções elegantes para as mais diferentes circunstâncias – até quando *relax* é a palavra de ordem. Não se faz mais necessário tirar férias da elegância para se sentir confortável, ou passar o dia inteiro de pijama... ops, hoje essa pode ser uma opção fashion, pois conseguimos levar para as ruas até mesmo conjuntos no mais puro estilo pijama!

A seguir, algumas fórmulas de visuais descontraídos capazes de garantir ao mesmo tempo elegância e conforto. É vestir e sair – ou ficar em casa lindamente vestida!

Visuais descontraídos

Vestido curto ou longo + sandália anabela, rasteirinha ou tênis.

T-shirt + saia midi + sandália anabela ou tênis.

Calça de moletom + t-shirt + jaqueta jeans + sapatilha ou tênis.

Macacão de malha + sandália anabela ou rasteririnha.

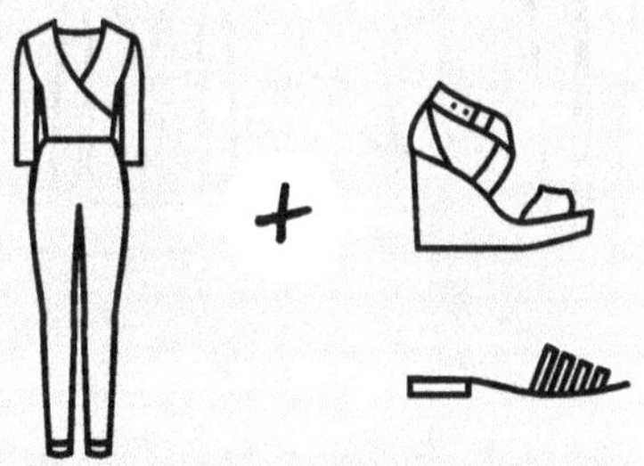

T-shirt + short jeans + blazer + sapatilha ou tênis.

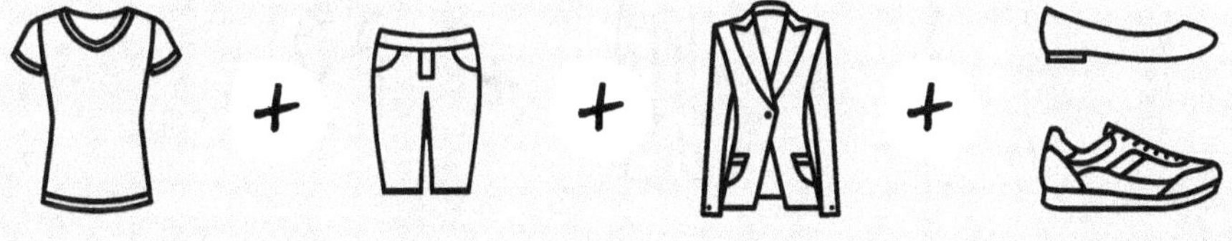

Conjunto de viscose estilo pijama + tênis ou sapatilha.

T-shirt + Legging + cardigã + tênis ou sapatilha.

Regata + saia longa + rasteirinha, anabela ou tênis.

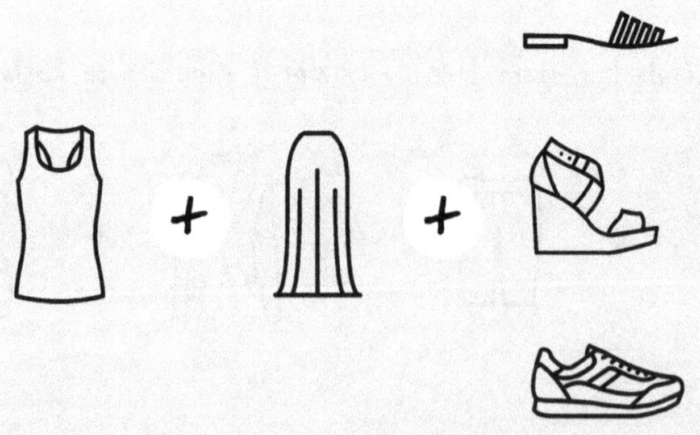

MODA PRAIA: SAIBA FAZER ESCOLHAS

Chico Buarque é o autor de uma música de que gosto muito, a *Ciranda da bailarina.* Todo mundo tem algum defeitinho, explica a letra, "só a bailarina que não tem". Uma ironia, claro, sobre a perfeição perseguida por muitas de nós, mulheres.

No verão, quando a exposição do corpo é maior, aumentam as cobranças. Dá-lhe #projetoverão, #projetobiquíni, #detox – e outras hashtags que bombam, enquanto os termômetros sobem. Somos nós, mulheres, sonhando com a silhueta perfeita. Mas especialistas em campanhas publicitárias, editoriais de revistas, acostumados a trabalhar com modelos e celebridades lindíssimas, são unânimes em afirmar: todo mundo tem lá seu defeitinho. Uma cicatriz aqui, celulite ali, gordurinhas a mais... seja lá o que for, todo mundo de carne e osso tem. Perfeita mesmo, só a bailarina da canção...

Cada uma de nós possui um tipo físico que pode ser valorizado (ou não!) por nossas escolhas. Até mesmo na praia. Acredite: peças tão pequenas quanto as duas partes de um biquíni, quando na modelagem apropriada, podem deixar nossa silhueta mais bonita. Não é mesmo tarefa fácil escolher um biquíni em meio a tantos modelos (haja criatividade dos estilistas de moda praia!).

A moda oferece sempre recursos para realçar nossos pontos fortes e disfarçar os fracos, até mesmo com peças exíguas como as dos biquínis. Primeiro passo para uma escolha certa: saber qual é nosso tipo de corpo e o que se deseja realçar. Vimos que, às vezes, não temos uma imagem real do nosso tipo físico, e isso afeta nossas escolhas. Como você já sabe, uma das principais regrinhas de moda é não usar modelos e detalhes que aumentam o volume nas regiões onde a natureza colocou centímetros extras. Simples assim, e aí moram os maiores deslizes fashion no quesito equilíbrio de silhueta.

Seguindo essa regrinha de ouro, seja sincera e procure analisar sua imagem no espelho com espírito crítico. Você tem quadril largo? Quadril estreito? Pouco busto? Muito busto? Não, você não está sendo cruel consigo mesma, apenas buscando o caminho correto para usar a moda a seu favor, até mesmo na praia, e se sentir segura tanto na areia quanto debaixo d'água.

Busto pequeno

O mais tradicional dos modelos, o cortininha, é perfeito para quem tem pouco busto, pois não dá muita cobertura nem sustentação. Se você deseja ganhar volume, escolha um exemplar com bojo, indicado para modelar e "aumentar" medidas. Drapeados e bordados surtem efeito semelhante, por isso são bem-vindos. O tomara que caia também se mostra ideal para bustos pequenos.

Busto grande

Dar sustentação e valorizar o colo é a ideia. As alças do top devem ser mais largas, principalmente para quem tem muito busto. Modelos frente-única e meia taça, estruturado e com aros metálicos sob os seios (atenção, sem bojo!), garantem apoio e deixam o colo bonito. Evite tudo que aumente o tamanho do busto: bojos, drapeados, aplicações de bordados, franjas, etc.

Barriguinha

Ah, uma barriguinha, quem não tem? Além de modernos, biquínis com "hot pants" (modelo de calcinha estilo retrô, que lembra a modelagem dos shorts) ajudam a dissimular e deixam o visual elegante. Maiôs, principalmente os de tecidos estruturados e de cor escura na região da barriga, também disfarçam, além de serem chiques.

Quadril estreito

Para quem tem pouco quadril e deseja parecer mais curvilínea, a dica é abusar de detalhes próprios para surtir o efeito de aumento de medidas. Laços, franjas e babados nas laterais da calcinha são ótimos artifícios. Modelos mais estreitos e com detalhes vazados na região do quadril também são indicados; listras horizontais combinadas à modelagem correta potencializam o efeito.

Quadril largo

Biquínis com laterais mais largas e escuras ajudam a disfarçar polegadas extras na região do quadril. Outro truque é chamar atenção para outro ponto do corpo com algo mais vistoso: por exemplo, usar a parte de cima colorida e a debaixo escura contribui para "reduzir" quadris largos. Pequeno truque de grande efeito desde que, claro, aliado à modelagem adequada.

Gordurinhas extras

Atenção aos tecidos e aos modelos de biquínis e maiôs: quanto mais estruturados, mais eles ajudarão a conter as gordurinhas. As alças devem ser mais largas, para dar boa sustentação ao busto. Decotes em V ou U ajudam a alongar. Biquínis com calcinha alta, de lateral larga, e maiôs com estampas abstratas aumentam o efeito de cintura.

Plus size

Com frequência, essa é a primeira pergunta: "Tenho que usar preto?" Não! Vou repetir mais uma vez: o mais importante é a modelagem. As peças escuras, além de chiques (sempre!), ajudam a potencializar o efeito do modelo e podem dar a impressão de afinar ainda mais.

A palavra-chave para gordinhas na hora de escolher biquínis e maiôs é sustentação. O tecido deve ser reforçado, para modelar e não marcar. Fuja dos tecidos stretch muito finos, pois "marcam" até a alma!

Maiôs

Detalhes na região da cintura, como recortes escuros nas laterais, drapeados, ou mesmo um tipo de cinto ajudam a desenhar as curvas e a afinar a cintura. Para quem tem bastante busto, as peças de alças largas e recorte sob os seios modelam e sustentam; os decotes em V alongam. Aliás, se você tem um colo bonito, opte por um maiô liso, com estampa apenas na região do busto: esse truque chamará a atenção para seu ponto forte.

Biquínis

Calcinhas altas e largas nas laterais; recortes e reforços capazes a "segurar" a barriguinha; cavas das pernas em desenho diagonal dando a impressão de pernas mais longas são todos ideais para mulheres "plus size".

Tops tipo meia taça, com aros metálicos abaixo do busto, mostram-se especialmente adequados para quem tem mais busto, pois sustentam os seios e embelezam o desenho do colo. Mas atenção: eles não devem ter bojo para não aumentar o volume. Tops frente única também são indicados para seios pequenos ou médios.

Não há restrição de estampas para gordinhas (de novo, o mais importante é a modelagem!). No entanto, nunca esqueça: estampas, principalmente localizadas, evidenciam a área do corpo onde estão. Se você tem muito quadril e pouco busto, por exemplo, pode usar o artifício de compor um biquíni escolhendo a calcinha escura, lisa, e o top estampado.

Saídas de praia: comprar ou improvisar

Bastou escrever a expressão "saída de praia" para me lembrar de *Garota de Ipanema*. Uma das canções mais tocadas em todo o mundo nasceu quando Vinícius de Moraes observava a então garota Helô Pinheiro "a caminho do mar". Muita coisa mudou desde então: o tamanho do biquíni foi significativamente reduzido, mas, assim como a música, tornou-se um clássico. O modelo com "hot pants", desfilado pela garota de Ipanema, voltou às areias, e tanto as camisas de estilo masculino quanto as peças de crochê, vestidas como saídas de praia nos anos 1960, continuam em alta.

À medida que incorporamos o hábito de emendar um programa a outro, cresceram as possibilidades de peças do dia a dia serem usadas sobre biquínis e maiôs: as cangas (amarradas ao corpo nos anos 1980/1990), foram substituídas por shorts jeans, batas, caftans e vestidos – que vão da praia para o restaurante numa boa.

Enquanto shorts e batas são saídas despojadas, caftans (túnicas inspiradas nas vestes usadas na Mesopotâmia, geralmente estampadas) e vestidos são boas opões para "emendar" um jantar à beira-mar. A peça que vai fazer o papel de saída de praia não precisa, necessariamente, ser de "moda praia", não: dá para improvisar e usar vestidos de algodão (curtos ou longos), macaquinhos e até a camisa do namorado ou maridão. Inspire-se nas sugestões a seguir e eleja a saída preferida para acompanhá-la "num doce balanço a caminho do mar". Ou da piscina, do restaurante...

Shorts jeans

Em sua versão mais despojada, desfiado, com lavagem clara e manchada, o shorts jeans virou um companheiro e tanto nas areias e piscinas, pois garante um look mais descompromissado: o ideal é levar também uma blusa na bolsa de praia caso a intenção seja fazer um programa mais arrumadinho, já que alguns estabelecimentos fazem restrições à entrada de pessoas em trajes de banho (como tops de biquínis).

Caftans

As túnicas estampadas, de tecidos leves e fluidos, garantem estilo. Podem ser curtas ou longas e, desde que não sejam curtíssimas e transparentes, fazem bonito também na cidade: acompanhadas de sandálias rasteiras e bijoux vistosas, compõem um look étnico que é a cara do verão.

Batas

Elegantes e despojadas, as batas são saídas prá lá de democráticas: agradam mulheres dos mais diferentes estilos. Atenção aos modelos estruturados, de tecidos mais grossos e quentes – perfeitos para programas sob ar-condicionado. Modelos de algodão são mais frescos; evite apenas o recorte abaixo do busto se tiver um pouco de barriga, pois a modelagem costuma ressaltá-la.

Camisão

Vale o modelo comprado na loja de moda praia, mas também é possível improvisar com peças do seu guarda-roupa. O ideal é uma camisa leve, de algodão, e de comprimento abaixo do bumbum. Vale também vestir uma camisa masculina menos estruturada e usá-la aberta, com as mangas dobradas: fica chique e sexy.

Vestido longo

Quando o clima exige uma pitada de sofisticação, que tal investir num longo? Pode ser uma saída de praia mesmo, ou um vestidão de algodão do seu armário – um bom exemplo de otimização das peças do seu armário e o segredo das mulheres de estilo até na hora de ir à praia.

VIAGEM: MALA SOB MEDIDA

Para mim, foi uma questão de sobrevivência. Depois de dar à luz a trigêmeos, aprendi a ser superprática. Caso contrário, não sairia mais de casa. Viajar, então, se transformou em grande desafio, e em estímulo para que eu desenvolvesse a arte de montar malas reduzidas (se você tem filhos pequenos, sabe como elas podem se tornar enoooooormes...).

Compactar o guarda-roupa em poucas peças não é mesmo tarefa fácil. Na maioria das vezes levamos muita roupa só para passear. Resultado: grande parte não sai do armário ou do fundo da mala. Outras vezes, erramos a mão e esquecemos peças imprescindíveis, como um casaqueto, e acabamos obrigadas a ir às compras simplesmente porque o tempo virou.

A mala – abarrotada demais, sem peças coordenáveis entre si, com sapatos inadequados – pode se tornar uma daquelas chateações que ofuscam o brilho de momentos incríveis. Então, nada de deixar a mala virar uma “mala”! Garanto: depois de pegar o jeito, organizar a bagagem se torna fácil e rápido, seja para uma escapada de fim de semana, seja para férias de um mês inteiro. A seguir estão listadas dez dicas: customize-as de acordo com seu estilo e destino. Boa viagem!

1. Estude seu roteiro e os programas.

Ter um roteiro dos lugares a serem visitados e uma previsão da temperatura que poderá encontrar são itens obrigatórios para montar uma “provisão” específica de peças e acessórios.

2. Faça a mala com calma.

Costumo colocar as peças em cima da cama e analisar todas as possibilidades de coordenação. Quanto mais “jogo” der a peça, mais importante ela será na mala.

3. Fotografe as possibilidades de looks com o celular.

Relembrar as composições que você teve em mente ao arrumar a bagagem facilitará sua vida.

4. Invista em peças curingas, de cores neutras (preto, marinho, cinza, branco e nude).

Versáteis, fáceis de coordenar com as demais, elas se transformam e se adaptam a inúmeras situações. Um vestido preto básico, por exemplo, pode ser multiplicado: ganha ar praiano quando acompanhado de colares rústicos e rasteirinhas; mais arrumado, com cardigã e sapatilhas, visita a museus e exposições; na companhia de blazer, colar refinado e escarpins sai para um programa noturno.

5. Seja previdente.

Casaquetos mais leves para destinos de verão ou casacos pesados para o inverno devem ter tons neutros, pois casam com todas as peças, até com as estampadas. Se for investir em um, escolha a versatilidade do bege: combina com tudo.

6. Acessórios ocupam pouco espaço e mudam a cara das produções.

Brincos (pequenos vão bem a qualquer hora, maiores "levantam" o visual); um anel com design arrojado; colares poderosos e lenços coloridos são itens essenciais para personalizar os looks e marcar seu estilo.

7. Sapatos ocupam muito espaço na mala.

Escolha poucos e bons, que aliem estilo e conforto. Três modelos de calçados mais um chinelo de dedo costumam dar conta do recado. Sugestões: rasteirinha + sapatilha + sandália para a noite ou tênis + bota + ankle boot ou escarpin. Personalize de acordo com seu destino e roteiro.

8. Três também é um bom número para bolsas.

Uma grande para a viagem; uma média para acompanhá-la nos diferentes programas (atenção, descarte modelos pesados) e uma carteira de mão para a noite.

9. Se a viagem inclui passar o dia batendo perna, abuse das sobreposições.

É preciso estar preparada para tudo. Uma manhã chuvosa pode se transformar numa tarde ensolarada. Costumo vestir regata sequinha sob malhas e casacos. Na bolsa, levo um lenço ou colar vistoso. Se esquentar, guardo a malha e uso o colar ou o lenço para um toque de estilo à regata básica.

10. Otimize o espaço da mala

Coloque as peças mais pesada embaixo. As camisetas e blusas de tricô ou lã podem "virar" rolinhos: assim amassam menos e podem preencher espaços vazios entre as peças. "Guarde" meias e cintos dentro dos sapatos, que devem ser embalados em saquinhos de tecidos e acomodados nas laterais. Mantenha a mala organizada, pois fica mais fácil visualizar as peças. Afinal, nas férias tudo o que gente mais quer é descomplicar a vida!

"Só existe uma pessoa suficientemente forte para nos levar a seguir a moda: nós mesmos."

GUILLAUME ERNER,
Vítimas da moda: como a criamos, por que a seguimos

guarda-roupa inteligente

Se me perguntassem quais as regras a seguir para se ter um guarda-roupa inteligente, ao nomear a primeira delas, sem dúvida recorreria a uma frase da ousada e sempre surpreendente estilista inglesa Vivianne Westwood: "Compre menos, escolha melhor e faça durar". Talvez esse seja o princípio de ouro, do qual derivam todos os demais.

"Comprar menos? Essa atitude não representa a antítese da moda?". Também aqui a resposta é não. Moda hoje não é sinônimo de consumo desenfreado, mas de compra consciente: ela propõe, mas quem dispõe é você. E, como já sabe, seu estilo é que deve determinar a escolha. E escolha criteriosa envolve resistir a algumas fortíssimas tentações, pois shopping não é terapia, quantidade não significa qualidade, roupas não são descartáveis, liquidação não é palavra mágica, e ajudar a cuidar do planeta pode começar pelo seu guarda-roupa.

Atenção, costurar está novamente na moda! Isso indica que cansamos da massificação? Talvez estejamos todas ansiosas por peças personalizadas, que tenham a nossa cara e, principalmente, nossa "alma". Muitos apostam nessa hipótese. E você, já refletiu sobre o assunto? Pois, nas próximas páginas, vamos refletir juntas.

VOCÊ PRATICA "SHOPPING TERAPIA"?

Talvez a cena lhe seja familiar: você tem um dia péssimo e se sente tão sozinha que resolve espairecer um pouquinho. O refúgio? O shopping mais próximo. Começa a olhar as vitrines e, quando se dá conta, está passando o cartão de crédito. Ops!

Que atire a primeira pedra quem nunca "afogou as mágoas" num vestido ou num par de sapatos novos. Buscar situações que nos causam prazer e levantam o ânimo naqueles dias em que se está pra baixo é compreensível e tem até explicação biológica: a ajudinha do nosso cérebro, que libera uma substância chamada dopamina, responsável pela sensação de bem-estar quando fazemos coisas que nos são prazerosas.

Uma pesquisa da Universidade de Chicago, publicada no *Journal of Consumer Research*, constata que a "shopping terapia" não funciona para espantar a sensação de solidão, não. Na verdade, só faz aumentá-la. Segundo o estudo, que acompanhou 2.500 consumidores por seis anos, a pessoa que busca nas compras antídoto para a solidão entra num ciclo vicioso que acaba por afastá-la dos relacionamentos sociais. Há, sim, a euforia momentânea, mas a sensação de vazio e solidão vem a reboque...

Fiz consultoria numa casa onde as roupas se espalhavam por todos os cômodos (sem exagero!). As peças, com etiqueta, sem nunca terem sido usadas, pareciam se multiplicar. A cliente, que pretendia emagrecer, comprava tudo o que achava lindo numa numeração menor. Emagrecer havia se tornado uma obsessão e as compras, compulsão.

Segundo o psiquiatra André Malbergier, professor do Departamento de Psiquiatria da Faculdade de Medicina da Universidade de São Paulo, 90% a 95% dos compradores compulsivos são mulheres. Cerca de 70% apresentam sintomas depressivos e um número um pouco menor, depressão clínica. O médico afirma:

"Pessoas com sintomas depressivos, às vezes por anos, quando descobrem que o fato de ir às lojas melhora seu ânimo, desenvolvem compulsão nem tanto pelo prazer de possuir o objeto em si, mas pela sensação proporcionada por comprá-lo".[1]

Desde que o dinheiro se tornou "plástico", e as parcelas "a perder de vista", preencher com compras o vazio que por vezes nos deprime virou alternativa "fácil". Afinal, a gente só sente a dor da "punhalada" quando abrimos a fatura do cartão de crédito! Para quem anda recorrendo com frequência à "shopping terapia", o primeiro passo recomendado pelos especialistas é manter o cartão de crédito em casa e pagar tudo com dinheiro vivo – o valor da compra se tornará mais palpável, concreto, e não há sensação de bem-estar que resista à dura realidade!

O segundo passo está em não usar o passeio no shopping como remédio para as dores da alma (até porque não resolve!). Uma caminhada ao ar livre ou um cafezinho com uma amiga com direito a desabafo surtem efeitos muito melhores. A pesquisa da Universidade de Chicago, citada anteriormente, conclui: quando as compras são conscientes, e não usadas para preencher vazios, aí, sim, realmente nos fazem mais felizes. Portanto, inverta o processo: deixe para escolher aquele vestido incrível quando estiver bem, jamais veja nele superpoderes capazes de fazê-la feliz pelo simples fato de comprá-lo, combinado?

1 Dr. André Malbergier. "Comportamentos compulsivos", entrevista concedida ao Dr. Dráuzio Varella, São Paulo, 26/4/2013, disponível em https://drauziovarella.com.br/drauzio/comportamentos-compulsivos.

ROUPAS NÃO SÃO DESCARTÁVEIS: DICAS PARA AUMENTAR A DURABILIDADE DAS PEÇAS

Tenho um casaco que está completando 45 anos. Verdade! Herdei de minha mãe, que o comprou com seu primeiro salário quando tinha cerca de 16 anos. Preto, de pele sintética, na altura do joelho, ele continua "inteirão" e atual – a despeito da idade.

Com minha mãe aprendi que as roupas, se bem cuidadas, podem durar muito. E, trabalhando com moda, desde muito cedo, constatei: com pequenas intervenções, seja de acessórios, seja no modo de usar uma determinada roupa, a gente consegue atualizar os looks.

Claro, alguns modismos cansam. Algumas peças o tempo corrói. Sempre haverá aquelas a serem passadas para a frente. Mas até mesmo por isso é importante cuidar das roupas, afinal, quanto melhor o estado das peças, mais elas serão aproveitadas quando mudarem de guarda-roupa. Sem contar que uma peça de poliéster, por exemplo, pode levar mais de cem anos para se decompor: o descarte rápido e o lixo têxtil já se tornaram um problema sério para a preservação ambiental.

Com o objetivo de aumentar a durabilidade das peças, aqui vão dicas importantes a serem observadas no manuseio diário, principalmente em relação à lavagem. E fica a sugestão: procure sempre truques e bons achados capazes de aumentar a longevidade das roupas. Seu bolso e o planeta agradecem!

1. Leia sempre as instruções nas etiquetas das roupas.

Aqueles vários símbolos nas etiquetas indicam a maneira mais adequada de cuidar da peça. Pode dar um trabalhinho, mas lavar e passar respeitando as exigências das diferentes matérias-primas aumenta, e muito, a durabilidade da peça. Abaixo, os principais símbolos e seus significados (da esquerda para a direita, na horizontal):

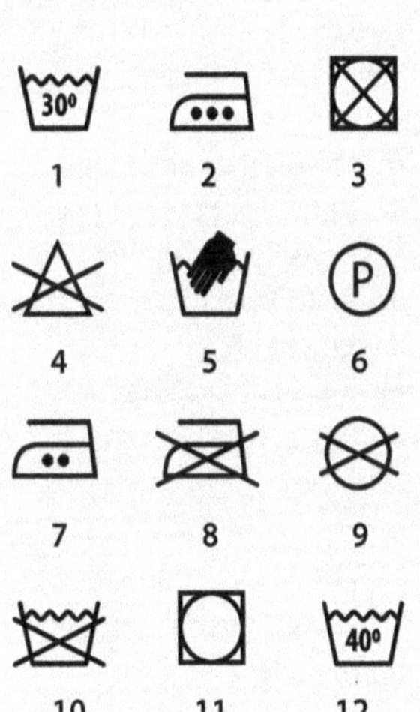

1. Lavagem máxima a 30 °C;

2. A temperatura máxima a ser utilizada é de 200 °C, indicada para tecidos de algodão ou linho;

3. Não é permitida a secagem da peça à máquina.

4. Não pode ser usado alvejante à base de cloro na lavagem da roupa;

5. A lavagem da peça deve ser somente manual;

6. A peça é lavável a seco em percloroetileno, solvente R113, hidrocarboneto e solvente R11.

7. A temperatura máxima a ser utilizada é de 110 °C, indicada para tecidos como acrílico, nylon e acetato;

8. A peça não pode ser passada;

9. A peça não deve ser lavada a seco e as manchas não podem ser tiradas com solventes.

10. A peça não deve ser lavada na máquina;

11. É possível secar a peça na máquina, ciclo normal e temperatura máxima;

12. Lavar à temperatura máxima de 40 °C.

2. Roupas delicadas não precisam mais do que uma leve "esfregadela" com sabão de coco.

Observe apenas na etiqueta a necessidade de lavagem a seco, como pedem alguns tecidos como seda e linho.

3. Não deixe as roupas de molho sem necessidade ou por muito tempo.

Isso pode provocar manchas e um desbotamento acentuado. Só as peças muito sujas (como os uniformes das crianças!) é que precisam de molho prolongado.

4. Essa todo mundo sabe, mas vale lembrar: não misture as roupas brancas com as coloridas.

Mesmo que as coloridas não soltem tinta elas poderão deixar suas peças brancas amareladas – e diminuir a longevidade das peças branquinhas...

5. O excesso de sabão não deixará suas roupas mais "limpinhas".

Ao contrário, poderá até manchá-las se o enxágue não for muito eficiente, pois a peça ficará com resíduos. Meio copo americano de sabão é o suficiente para lavar uma máquina cheia.

6. Procure separar as peças mais sujas das "menos sujas".

Assim você pode regular o ciclo da máquina de acordo com o trabalho que as peças necessitam e evitar desgastes desnecessários nos tecidos. Quanto maior o ciclo, maior o desgaste no tecido. Minha dica? Sempre que possível tente esfregar à mão as peças mais delicadas e coloque na máquina se necessário para finalizar o processo.

7. Sabe o vinagre que você tem aí na cozinha? Ele é um ótimo amaciante de roupas!

Basta adicionar meio copo de vinagre branco a cada lavagem. E, se você torceu o nariz por conta do cheiro do vinagre, pode perfumá-lo com algumas gotas do seu óleo essencial preferido.

8. Derrubou molho de tomate, café ou vinho na roupa? Quanto mais rápido você lavar a mancha, mais facilmente ela será removida.

Se preciso, use na pré-lavagem alvejantes sem cloro apenas no local da mancha – respeitando o período de molho indicado pelo fabricante para não danificar o tecido.

9. Alguns truques para remoção de manchas.

Café: aplicar um tecido ou guardanapo por baixo e passar uma pedra de gelo sobre a mancha. Esfregar uma mistura de água e bicarbonato de sódio também funciona. O ideal é não deixar a mancha secar, mas, se isso acontecer, esfregue um pano úmido com vinagre branco ou álcool.

Vinho: preparar uma mistura de suco de limão com uma colher de bicarbonato de sódio e colocar sobre a mancha. Deixar de molho e lavar em seguida em água corrente. Se, na hora do acidente, você não tiver esses ingredientes a seu alcance, recorra ao gelo para suavizar a mancha até que possa eliminá-la.

Batom: esfregar um pouco de álcool antes da lavagem pode ajudar a eliminar a mancha. Lavar com detergente normalmente facilita a remoção.

LIQUIDAÇÃO: PALAVRA MÁGICA

Está comprovado: falou em liquidação, e somos tomadas por um senso de urgência que nos faz comprar até o improvável! Quem nunca saiu de uma loja com uma peça que, depois, passou anos pendurada no armário? Acontece nas melhores famílias, pode crer!

Diante dos descontos tentadores, a gente arranja desculpas. Se a peça é pequena, "no dia em que eu emagrecer, vai servir"; se a modelagem não vestiu bem, "ajusto na costureira"... Não é mais ou menos assim que funciona?

Fazer compras racionais quando os descontos chegam a 70% não é uma tarefa fácil, pois até mesmo o nosso cérebro nos "boicota": pesquisas comprovam que a simples menção à "liquidação" nos faz perder a cabeça. E tem explicação neurológica. Segundo a neurocientista Suzana Herculano-Houzel, em artigo na revista *Mente & Cérebro*, a coisa funciona assim: "Face aos preços reduzidos, uma parte do cérebro (estriado ventral) diz 'eu gosto disso'; a outra (córtex pré-frontal medial) reforça 'puxa, custa menos do que eu pagaria normalmente' e, para completar, uma terceira área (córtex orbifrontal) faz coro 'compra, compra, compra"[2]. Nosso cérebro, "todo empolgado", nos conduz a um estado de euforia semelhante à de nossos ancestrais diante da caça! Bem, pelo menos encontramos um bom álibi para justificar as compras por impulso.

Mas o fato é que desejamos comprar acertadamente. E há, sim, estratégias para aproveitarmos os descontos e fazer boas compras nas liquidações, já que elas são ótimas oportunidades para turbinarmos o guarda-roupa com a aquisição de itens de mais qualidade por valores acessíveis. Mas isso requer foco, concentração. Meu primeiro conselho é listar o que você precisa.

---

2 Suzana Herculano-Houzel. "Para sobreviver à liquidação", em *Mente & Cérebro*, São Paulo, 31/1/2012. Disponível em: http://www2.uol.com.br/vivermente/artigos/para_sobreviver_a_liquidacao_imprimir.html.

e, com a lista na mão, pesquisar a relação custo-benefício de cada peça, tanto na internet quanto nas lojas.

Outra coisa importante é pensar a longo prazo. Como? Exemplifico: pode estar um calor danado, mas, se você não costuma ir à praia ou frequentar a piscina o ano inteiro, não vale a pena investir na compra de vários maiôs e biquínis, não é mesmo? Além das peças básicas – essenciais no guarda-roupa, pois facilitam as combinações do dia a dia e sempre valem o investimento –, fiz uma lista das que não são modismos passageiros e das que podem e devem ser compradas. Lembre-se de que para ser um bom negócio, a roupa precisa valorizar sua silhueta e combinar com seu estilo.

Antes de sair às compras, faça aquela arrumação no guarda-roupa. Aproveite o momento para uma sessão "desapego", tire tudo que virou "enfeite" e separe para passar adiante.

No que vale a pena investir para usar o ano todo

1. Alguns curingas são essenciais...

Já que podem ser coordenados com todo o guarda-roupa e ainda personalizados de acordo com seu estilo:

- Camisas, regatas e casaquetos.
- Calça jeans.
- Tricôs.
- Cardigãs.
- Peças de alfaiataria, como calças, saias lápis e blazers.
- Jaquetas de couro, natural ou sintético, sempre vale o investimento. Graças à tecnologia, ele ganhou texturas, vazados e leveza, transformando-se de ícone do inverno em queridinho das quatro estações.
- Vestido básico de cor neutra – preto, cinza ou bege – que possa, de acordo com os acessórios, mudar de cara de acordo com a ocasião.

2. Não é porque a calça está com 70% de desconto que você precisa comprá-la.

Quanto mais alto o desconto, maior a sensação de urgência – e a probabilidade do "achado" viver dentro do guarda-roupa. Três perguntas para fazer para si mesma na hora da dúvida (seja sincera nas respostas!): 1. Preciso desta calça? 2. Ela vai bem com as demais peças do meu armário? 3. Ela valoriza o meu tipo físico? Um "achado" só merece esse título se as respostas às perguntas forem afirmativas.

3. Esqueça tendências.

Atualmente prefiro a palavra *temas* a *tendências*: a moda, hoje, é altamente democrática e há espaço para todas as formas, modelagens, cores e estampas, que serão trabalhadas pelas diferentes marcas de acordo com seu público. Encontre o que combina com você, seu estilo de vida e seu biótipo – a chave para fazer compras bem-sucedidas.

4. Faça as contas.

Acredite: uma peça "baratinha" vestida apenas uma vez (ou nenhuma!) custou mais caro do que aquela paga com dificuldade, mas que você vem usando à beça e continua impecável há dois anos! Roupas usáveis e duráveis valem mais a pena se comparadas às "baratinhas", incapazes de resistir à primeira lavagem.

5. Avalie a versatilidade da peça.

Ela passeia por vários estilos de acordo com as diferentes combinações e acessórios? Pode ser usada em temperaturas variadas? Quanto mais gerar coordenações com as roupas do seu armário, maior atenção ela merece. Afinal, você não precisa de um guarda-roupa "abarrotado", mas de um inteligente!

Promoções online: como se dar bem nas compras virtuais

Hoje, ao abrir a gaveta, tive que encarar duas peças novinhas, ainda com as etiquetas, compradas numa dessas "supermega-promoções" *online*. Sim, comprei por impulso, confesso! Resolvi, então, analisar por que, entre tantas outras compras *online* bem-sucedidas, tais peças estavam ali sem uso, esquecidas. E compartilho aqui algumas dicas para você só sucumbir ao "compra, compra, compra!" do seu cérebro quando realmente for um bom negócio.

1. Roupas com modelagens muito diferentes pedem prova!

Se você não tem uma peça com modelagem parecida no armário e não faz ideia se vai funcionar no seu corpo, evite... A chance de não dar certo – ou você não gostar – é grande.

2. Atenção ao tamanho.

No Brasil não temos um padrão de modelagem e podemos usar até três numerações diferentes de acordo com a marca. Eu, por exemplo, vou do 36 ao 40. Quando compro pela internet, opto pelo meio termo, 38 – e vez ou outra alguns ajustes são necessários. Se a roupa é muito bacana e o desconto realmente significativo, um ajuste ou outro está valendo!

3. Não compro sapatos de marcas que nunca provei.

É a tal da peça que, se não for confortável, você nunca vai usar – e depois do *test drive*, já com a sola toda ralada, não poderá trocar... No final, o jeito é passar para uma amiga!

4. O que vestiu bem na modelo não necessariamente ficará lindo na gente!

Alguns sites têm aqueles reloginhos que fazem a maior pressão pra gente comprar logo, não é? Mas vá com calma: mesmo pela foto é possível analisar alguns detalhes que podem tanto nos favorecer quanto nos derrubar! Exemplo? Recortes abaixo do busto, ótimos para quem tem seios pequenos, podem dar a impressão de aumentar consideravelmente as medidas de quem tem muito busto. Ao prestar atenção em detalhes que nos valorizam, aumentamos a chance de fazer uma boa compra.

5. A peça chegou, você provou e ficou em dúvida? Troque.

A boa notícia é que a maioria dos sites dispõe de bom atendimento nos casos de devolução. Quando tive problema, no dia seguinte à minha solicitação vieram buscar a peça e, em uma semana, fui ressarcida no cartão de crédito. Se tiver dúvidas, dê uma olhadinha no superconhecido "Reclame aqui", que costuma exibir a opinião de usuários sobre os diferentes sites de compras. Isso pode ajudá-la a escolher os melhores locais na web para ouvir o "compra, compra, compra" do cérebro com direito a final feliz!

AJUDAR A CUIDAR DO PLANETA PODE COMEÇAR PELO SEU GUARDA-ROUPA

Em 1972, ainda no século XX, a Organização das Nações Unidas (ONU) criou seu programa ambiental e uma ação de conscientização, a Semana do Meio Ambiente, celebrada sempre entre os dias 30 de maio e 5 de junho, como forma de chamar a atenção para o modo como nós, seres humanos, afetamos a natureza.

E sustentabilidade – o uso de recursos naturais de forma inteligente visando preservá-los para o futuro – transformou-se na palavra de ordem no século XXI. Talvez porque agora realmente pudemos experimentar o modo como a natureza vem reagindo a todo o descaso ao longo de milhares de anos. Mas, mesmo lendo e ouvindo a palavra sus-ten-ta-bi-li-da-de milhares de vezes, é aceitável que a gente tenha dúvidas de como colaborar para a preservação do meio ambiente com atos que possam ir além da reciclagem do lixo.

Uma vez ouvi uma amiga engajada definir o termo sustentabilidade como "respeito". E aderi. Respeitar a si mesmo, o próximo e a natureza, pensando em nossas ações num plano maior, mais amplo – já que estamos todos interligados e temos um "lar" único –, é o caminho para adotarmos atitudes sustentáveis naturalmente. Sem "ecochatice" e radicalismo.

E essas ações de cuidado com o planeta podem começar de forma muito simples: pelo nosso guarda-roupa! Do ato de comprar ao modo de cuidar das roupas, podemos colaborar com o meio ambiente. Somos 7 bilhões de habitantes no mundo: nossas pequenas atitudes somadas têm um grande efeito!

Dez dicas fáceis e práticas para um guarda-roupa mais sustentável

Guarda-roupa mais sustentável deve ser compreendido aqui como consciente e inteligente também. Convido você a aderir a essas dicas, na torcida de que cuidar do meio ambiente vire moda!

1. Encare o espelho e conheça seu corpo.

Analisar suas proporções e saber valorizá-las é o primeiro passo para comprar roupas que realmente serão usadas. O consumo desenfreado e o desperdício são inimigos do meio ambiente, hoje já incapaz de dar conta do lixo que geramos. No Brasil, o destino final de 90% dos resíduos são os aterros, contra apenas 7% na Suíça...

2. Observe o porquê das peças paradas.

Faltam em seu guarda-roupa peças básicas para coordenar com aquelas mais fashion? A blusa transparente ainda está com a etiqueta porque falta um top "segunda pele" para colocar por baixo? O vestido sem uso foi comprado em tamanho menor para "quando eu emagrecer"? Faça uma análise e, a partir dos resultados, busque soluções.

3. Não vai usar mais mesmo? Doe!

Um guarda-roupa "abarrotado" dificulta a visualização e a otimização do uso das peças. Sem contar que alguém vai ficar feliz da vida ao receber suas roupas!

4. Mantenha o guarda-roupa organizado.

Um pouco mais adiante, explico melhor como isso pode ser feito para que você possa enxergar as possibilidades de coordenação entre as peças.

5. Cuide bem de suas roupas para aumentar a vida útil das mesmas.

Fique de olho nas indicações de lavagem e secagem escritas nas etiquetas. Nesse quesito, não invente moda!

6. E, por falar em lavagem, otimize ao máximo o uso da água ao lavar suas roupas.

De acordo com a ONU cada pessoa necessita de 110 litros de água por dia para atender suas necessidades de consumo e higiene. No Brasil usamos, em média, 200 litros/dia por pessoa! Neste mesmo capítulo você encontrará dicas de como manter suas peças limpas e perfumadas, com economia de água e respeito ao meio ambiente.

7. Calça jeans escura e reta, camisa branca, blazer e pretinho básico.

Algumas das peças essenciais, aquelas curingas que dão jogo com tudo, às vezes faltam em guarda-roupas lotados... será que isso está travando o jogo do seu?

8. Você tem mais sapatos do que espaço para guardar?

Posso apostar que alguns deles há tempo não saem à rua! Os que não são usados machucam! Então, desapegue: doe ou troque. Para o dia a dia, invista em modelos e cores curingas – que, no final, acabam sendo nossas escolhas na hora da pressa.

9. Prestigie os criadores nacionais que aliam beleza, qualidade e sustentabilidade.

Com vocação artesanal, o Brasil é um celeiro de designers que fazem moda dentro de processos produtivos mais sustentáveis, seja reutilizando matérias-primas naturais, seja criando peças lindas com resíduos.

10. Garimpe em brechós.

Na internet mesmo é possível encontrar lindezas seminovas em sites especializados na venda daquilo que as pessoas não usam mais. Reutilização é um dos lemas do guarda-roupa sustentável e, nessas lojas, pode-se achar preciosidades daquelas que dão estilo imediato à produção.

Guarda-roupa inteligente, consciente e sustentável

Desde o ato da compra de nossas roupas até as formas de como cuidamos delas, podemos (e devemos) ter atitudes sustentáveis. Então, mãos à obra: comecemos por fazer um exame de nossa consciência e do nosso guarda-roupa! Abra-o. Como ele está? Abarrotado? Seja absolutamente sincera na resposta.

"Nossa, nem lembrava mais que tinha esta peça!" Se você disse essa frase, não fique constrangida! Ela já se tornou um clássico em meu trabalho: em todas as consultorias personalizadas, não há uma só vez em que não encontramos roupas no armário da cliente da qual ela já não se lembrava da existência... Confesso que também já encontrei antigas e boas peças escondidas dentro das minhas gavetas. Vamos comprando e, literalmente, abarrotando nosso armário. Até que, em vez de ser nosso aliado, ele se volta contra nós: deixamos de otimizar o uso de peças porque, simplesmente, não visualizamos possibilidades de coordená-las com outras. E lá vamos nós comprar mais roupa, já que não "temos" o que usar, mandando para o espaço nosso guarda-roupa sustentável (leia-se consciente e inteligente).

A boa notícia: podemos colocar um ponto-final nesse ciclo. Como? De maneira simples: é através da organização que iniciamos a montagem de um guarda-roupa inteligente. O tempo "gasto" para rever o uso das peças, montar possíveis looks, tirar o que não se usa mais e organizar cabideiros, prateleiras e gavetas de maneira eficiente é compensado pela agilidade ganha no dia a dia. Vamos a algumas dicas práticas? Mãos à obra!

1. Períodos de mudança de estação são perfeitos para tais reviravoltas.

Avalie tudo o que já não serve ou que você não usa há um bom tempo. Dessa forma garantirá espaço para incluir também algumas novidades. Quando iniciar a "seletiva" das peças, tenha em mente as seguintes questões:

- → Esta roupa fica bem em mim?
- → Há quanto tempo não a uso?
- → Usarei em alguma ocasião?
- → Com quais outras peças ela combina?

2. Desfaça-se dela.

Se a roupa estiver lá, paradinha, há cerca de um ano e você não vê possibilidade de uso, não hesite: desfaça-se dela, vendendo, trocando ou doando.

3. Guarde os casacos e as demais roupas "pesadas" na parte superior do armário e utilize space bag.

O space bag é um organizador que embala as peças com a ajuda de um aspirador de pó: como o ar é retirado, a embalagem fica compacta e o espaço é otimizado. Outra vantagem: dessa forma "o cheiro de roupa guardada" some e as peças se mantêm limpas e prontas para o uso quando preciso. Outra forma de economizar espaço no armário é guardar as roupas mais pesadas, ou usadas apenas ocasionalmente, dentro de malas de viagem.

4. Arrume as peças por estilos e cores.

Isso facilita a visualização e você ganha tempo na hora de montar os visuais. Deixe à vista clássicos e básicos, que facilitam a combinação com as demais peças.

5. Se possível, tire um dia para criar looks com suas roupas.

Chame uma amiga que goste de moda para ajudá-la a brincar com as coordenações e fotografe. Esse álbum vai facilitar seu dia a dia ao ajudá-la a inovar nas combinações e ao lembrá-la de possibilidades esquecidas na rotina e correria diária.

Mudanças simples de atitude, como uma boa organização no guarda-roupa (com manutenção eterna!), tornam mais fácil aproveitar ao máximo suas peças. E, cada vez que abrir o armário, você vai descobrir que tem roupa, sim!

Dez atitudes com suas roupas que ajudam a economizar água

Parece que há no mundo água que não acaba mais. Infelizmente, isso não é verdade. Cerca de 95% da água do nosso planeta é salgada. A doce mostra-se insuficiente para dar conta da demanda cada vez maior das indústrias, da agricultura e de nosso uso diário. A água vem sendo chamada de "ouro do século XXI" - comparação suave ainda diante de sua enorme importância: sem ela a gente não vive.

Períodos de escassez de água têm sido cada vez mais comuns em vários lugares do mundo. Grandes estados brasileiros, como São Paulo, vivem a maior estiagem dos últimos 80 anos. E mesmo que chova o alerta foi dado: não basta São Pedro ajudar, se não fizermos a nossa parte esse recurso vital vai literalmente "pelo ralo".

E há muito para ser feito - a começar por nossa relação com as roupas. Para se ter ideia, na fabricação de uma única calça jeans utilizam-se, no mínimo, 11 mil litros de água. Em 2013, por exemplo, o Brasil produziu 365,1 milhões de peças, segundo dados do IEMI (Instituto de Estudos e Marketing Industrial). Haja água! A indústria da moda tem implementado novas tecnologias para evitar o desperdício e reutilizar a água, entre outras práticas sustentáveis. Aconselha-se que as pessoas lavem menos os seus jeans, como o fez o CEO mundial da Levi's, Chip Berg, ao afirmar, num fórum de sustentabilidade, que não lava seus jeans com frequência: "Esta calça tem um ano e nunca viu uma máquina de lavar", comentou na ocasião, dando em seguida uma boa dica para higienizar os jeans (que compartilho mais adiante).

Não é preciso exagerar, como Chip Berg, mas não é necessário lavar todas as peças após cada uso - hábito comum entre nós, brasileiros, e que acaba não só gastando muita água, como desgastando demais os tecidos.

A seguir, dez atitudes em relação ao seu guarda-roupa que podem ajudá-la a economizar água:

1. Analise se as roupas precisam mesmo ser lavadas.

Peças suadas e sujas, claro, direto para a lavanderia! Mas, tanto peças mais finas, como camisas de seda, quanto calças jeans, podem ser usadas mais de uma vez antes de serem lavadas.

2. Use a passadeira a vapor na peça e deixe o tecido "respirar" antes de guardá-la.

Essa é uma maneira prática de higienizá-la. Você encontra passadeiras a vapor pequenas que podem ficar no armário e quebram aquele galho.

3. O consumo consciente é uma forma de evitar o desperdício de água.

Toda a produção de roupas envolve consumo de água. Portanto, quanto menor for seu descarte de peças e quanto mais você investir em roupas duráveis, maior será sua colaboração para a poupança de recursos naturais.

4. E aqui vai a dica que o CEO da Levi's afirma usar em seus jeans em vez de lavá-los.

"Você pode passar um pano úmido, esponja, escova de dentes para tirar manchas e deixar secar ao ar livre". Uma colher de vinagre de vinho branco misturada à água na qual você vai embeber o pano ou a esponja (uma técnica do tempo da vovó) ajudará numa higienização ainda melhor. Fique tranquila: ao secar, não haverá cheiro!

5. Utilize a máquina sempre cheia.

Só para você ter um parâmetro, uma máquina em sua potência máxima utiliza, em média, 50 litros de água por lavagem. Deixar juntar peças e lavá-las todas de uma vez evita o desperdício.

6. Por outro lado, a máquina de lavar pode ajudar a economizar água.

Enquanto uma máquina de lavar gasta, em média, 50 litros por lavagem, quinze minutos de lavagem de roupas no tanque com a torneira aberta pode chegar a um gasto de 279 litros.

7. Roupas delicadas precisam ser lavadas à mão.

Para isso, use uma bacia com sabão neutro e, nela, ensaboe e esfregue levemente as peças. Só então enxágue. Parece óbvio, mas nem sempre a gente lembra de fechar a torneira direito – hábito indispensável.

8. A água utilizada nas roupas...

Pode ser reutilizada para lavar o quintal ou os banheiros.

9. Dê preferência às lavadoras mais eficientes.

Afinal, elas consomem menos água e energia. Todo esse tipo de informação está disponível no site das marcas: vale comparar na hora da escolha.

10. Promova bazares de troca de roupas.

Cansou de várias roupas? Pode ter certeza que suas amigas também! Promova bazares de troca de roupas a fim de fazer circular peças que estejam em bom estado, mas paradas no guarda-roupa. É uma boa maneira de ter roupas novas, poupando seus recursos e os do planeta!

COSTURAR ESTÁ NA MODA

Minhas fotos de família são recheadas de roupas com memória afetiva. Minha avó materna era uma exímia costureira e sempre vestiu impecavelmente minha mãe e meus tios, apesar da vida modesta. Lembra-se daquela cena antológica de *A noviça rebelde*, em que a personagem-título, interpretada por Julie Audrews, usa as cortinas como tecido para as roupas da criançada? Minha avó era tão inventiva quanto ela, e as roupas improvisadas ganhavam não apenas sua elegância, mas também a alma das coisas únicas que não estão à venda.

A partir da década de 1960, com a popularização do prêt-à-porter e dos grandes magazines, comprar roupas foi se tornando mais fácil do que fazê-las. E, aos poucos, a costura caseira parecia ter entrado para o rol dos costumes em extinção. Parecia...

Mas eis que o ato de costurar ressurge com força, principalmente, entre os interessados em criações customizadas, artesanais e mais autênticas. Na Inglaterra virou mania nacional: o programa lançado pela rede BBC, o *reality show The Great British Sewing Bee* (O grande concurso britânico da costura), tornou-se fenômeno do horário nobre. Antigas máquinas de costura Singer enfeitam vitrines de lojas de roupas moderninhas pela Europa. De coisa de "vó" (quem diria?), costurar virou, literalmente, o *hobby* da moda. E a costura foi elevada a status fashion!

No Brasil, onde há falta de mão de obra nessa área, os bons profissionais são bastante disputados. Faculdades de moda formam um número grande de estilistas que, entretanto, não dominam todo o processo produtivo – e isso dificulta a inserção dos profissionais no mercado de trabalho. Quanto mais conhecimento sobre corte, costura e modelagem, melhor a execução do modelo desenhado. Outro viés da costura: ela pode ser abraçada por comunidades carentes e descortinar inúmeras oportunidades, a exemplo de iniciativas já desenvolvidas no país, como a da ONG Florescer.

Uma reflexão: cansamos da padronização? Estamos saturados de "olhar pro lado e ver alguém usando" – a exemplo de peças tão repetidas que se tornam piadas nas redes sociais? Passamos a desejar roupas com um pouco mais de "alma", com um pouco mais das nossas "impressões digitais"? Tomara! Vamos torcer para que a costura vire mania nacional, seja para customizar peças, seja para fazer roupas por *hobby*, e, principalmente, uma profissão valorizada.

"As mulheres, com seu instinto infalível, compreenderam que minha intenção era torná-las não apenas belas, mas mais felizes."

CHRISTIAN DIOR,
em Marie-France Pochna,
Dior

lições de moda para a vida toda

Se as passarelas e as ruas fashion são fontes infinitas de inspiração, nosso cotidiano pode ser um incrível mestre cheio de sabedoria - e nos dar aulas inesquecíveis de moda e de vida. Estou dividindo com você tanto o conhecimento adquirido nos livros e no meu ofício, quanto os ensinados pela vida - eles vão me servir para sempre. Meu desejo: que tais lições também sejam úteis a você.

Aprendi algumas delas durante os quatro meses que vivi com minhas roupas em apenas uma mala. Vendi meu antigo apartamento, mudei para a casa paterna com a família (somos cinco), enquanto fazia uma "reformazinha" na residência nova. Quanto ao tempo de duração, a "reformazinha" não fez jus ao diminutivo (quem já passou por isso, sabe: deve-se multiplicar por três os dias ou meses inicialmente calculados). Resumo da ópera: passei um terço do ano com meu guarda-roupa encaixotado e uma mala na mão.

Na prática, vivenciei o que a gente intuitivamente já sabe: dá para viver bem com menos. Mas esse não foi o único aprendizado.

DEZ VERDADES INCONTESTÁVEIS

Compartilho aqui dez verdades incontestáveis, comprovadas pela experiência, e capazes de resumir bem este livro:

1. Para que tanto?

Não sou uma pessoa consumista e, mesmo trabalhando com moda, sou avessa a modismos fugazes. Passar quatro meses com uma mala me fez colocar em prática o que já sabia: a criatividade vale muito mais que a quantidade.

2. Os clássicos são a base do guarda-roupa.

Recheei minha mala de peças clássicas: blazer, camisa branca, vestido tubinho, calça jeans... Esses curingas se multiplicam e se transformam de acordo com a ocasião e o estilo do look. Um blazer preto, por exemplo, compõe um estilo moderno com calça jeans e fica chique sobre um vestido de festa.

3. Repetir roupa é chique.

Ostentar não é elegante. Repetir roupa é. A atitude demonstra estar sintonizada com o consumo consciente e os recursos finitos do planeta. Fiz isso sem cerimônia: me apresentei, por exemplo, nos programas *Mais você* e *Todo seu* com o mesmo vestido. Sem culpa.

4. Acessórios transformam os visuais.

Um mesmo vestido pode ganhar um estilo mais moderno, étnico, romântico, rocker... Ficar sofisticado ou despojado. Os acessórios são a chave da transformação: abusei deles para "temperar" minhas roupas ao sabor das exigências de cada ocasião.

5. Sapatos nude são os melhores aliados no dia a dia.

Numa mala não cabem muitos pares de sapatos. Optei pelos nude, parceiros de todos os looks. E realmente eles comprovaram sua eficácia nesse período.

6. Não se vista correndo para ocasiões importantes.

Quando se precisa usar mais a criatividade para elaborar uma produção, não dá para se vestir correndo: é preciso provar, ver se realmente caiu bem. Num daqueles dias corridos, emendei um compromisso a outro e levei um look para uma gravação, que, depois, vi não ter sido a melhor escolha. Com razão, o ditado popular nos ensina: "a pressa é inimiga da perfeição".

7. Arrumar as roupas um dia antes ajuda a criar visuais mais criativos.

Multiplicar as peças e usá-las de maneiras diferentes exige criatividade. Separar a roupa e os acessórios na noite anterior ajuda a elaborar looks caprichados. E facilita a vida, principalmente, se você precisa guardar suas roupas num local que dificulte a visualização das peças, como uma mala. Ou um armário abarrotado.

8. Comprar por impulso não dá certo.

Há pouco tempo, ao desencaixotar as peças, achei coisas das quais não me lembrava. E que continuavam com a etiqueta. Pude comprovar: minhas poucas roupas nunca usadas foram compradas por impulso, e com superdescontos. Descontos que não valeram a pena: afinal, uma peça mais cara e muito utilizada teve uma relação custo-benefício maior do que a baratinha nunca tirada do armário.

9. Tudo que vira febre enjoa rápido.

Não sou de aderir a modismos passageiros. Mas já comprei, sim, peças que de repente viraram febre. Tudo o que a gente cansa de ver enjoa. E aí a roupa permanece intocada no guarda-roupa – e isso, claro, a gente precisa evitar.

10. Roupas carregam memórias, lembranças afetivas.

Ao organizar minhas roupas, me vi revivendo momentos: sorrindo ao pegar um vestido usado numa festa especial e o casaco "surrado" naquela viagem incrível... Roupas boas e bem cuidadas podem se tornar "bens duráveis".

quem somos

DANIELLE FERRAZ

Quando era pequena e me faziam aquela pergunta de praxe: "O que você vai ser quando crescer?", eu tinha a resposta na ponta da língua: "Vou trabalhar com moda!". E olha que naquela época a moda não estava na moda, não... Cresci em meio a roupas e tecidos com minha mãe – dona de uma butique e referência de elegância por dentro e por fora – como inspiração. Minha meta era unir a paixão pela moda, pela imagem e pela palavra escrita. Resolvi, então, estudar jornalismo e moda.

No primeiro ano de faculdade um dos professores, dono de uma rede de jornais de bairro, fez o convite: que tal assinar uma coluna de moda semanal? Não demorou e ela se multiplicou, publicada pelos principais jornais de bairro de São Paulo. Saí da universidade direto para a Editora Abril.

Comecei na revista *Manequim* e logo estava "frilando" para diferentes publicações e recebendo propostas de várias marcas. Superativa por natureza, após quatro anos me lancei na aventura de ter um escritório próprio – levando a Editora Abril como primeiro cliente.

No ano de lançamento do escritório, em 2000, um presente: ganhei o "Prêmio Abril de Jornalismo".

Além de produzir matérias e fotos para capas de revistas, passei a ser consultora de grifes, fazer styling para campanhas publicitárias e dar aula de produção e jornalismo de moda no Senac – parceiro da consultoria até hoje. Fui uma das mais novas docentes da instituição – e abusei dos truques de moda para passar credibilidade e dar a impressão de uns aninhos a mais (hoje, uso os truques às avessas para fazer todo mundo rejuvenescer, não se preocupe!).

Embora tenha recebido outros prêmios – como o New Ventures, da Fundação Getúlio Vargas, por um projeto desenvolvido por minha consultoria, aliando moda e sustentabilidade –, o maior deles veio em 2005: nasceram meus trigêmeos.

Aprendi, na prática, que muita coisa a gente planeja, mas a grande delícia da vida são as incontáveis surpresas que ela nos reserva. Ser convidada pela Globo para produzir e apresentar um quadro de estilo e beleza no programa *Mais você* foi uma delas. Refinar o estilo dos maiores craques do futebol mundial foi outra novidade inesperada e bem-vinda, especialmente para alguém acostumada a lidar com o dress code corporativo. E, agora, ter este livro em mãos, feito em parceria com alguém que acreditou no meu trabalho lá atrás e se tornou minha mestra no jornalismo de moda e na vida: minha grande amiga Penha.

Ajudar as pessoas a traduzir sua essência na forma como se apresentam ao mundo é o meu trabalho – e o exerço por diferentes meios: na TV, escrevendo, dando palestras e prestando consultoria pessoal. No final de cada tarefa realizada, o resultado que mais me emociona talvez não seja exatamente a mudança exterior, mas a verdadeira metamorfose interior vivida por cada um. Afinal, não existe acessório mais poderoso e transformador do que a segurança.

PENHA MORAES

A moda nunca esteve nos meus planos. Desde menina, meu interesse era a palavra escrita. Meu avô paterno me apresentou o jornalismo. Não, ele não era jornalista, mas ferroviário, e tinha em sua casa no interior de São Paulo um pequeno paraíso: a garagem.

Ali, em sua "oficina", com bancada de trabalho e ferramentas (onde habilmente consertava qualquer coisa que quebrasse), havia outros dois tesouros: sua tralha de pesca e incontáveis exemplares de revistas e jornais dos anos 1940/50. *O Cruzeiro*, *Fatos & Fotos*, *A Cigarra*, *O Tico-Tico*, *Seleções*... E era neles que eu mergulhava nas pausas entre Monteiro Lobato, José de Alencar e Machado de Assis.

Com suas coleções de "papel pintado", meu avô regou a semente da jornalista, da "revisteira" que existia em mim. Um mês antes de completar 18 anos, passei no vestibular de jornalismo da Cásper Líbero. Após a graduação e de nove meses como "foca" no jornal *Última Hora*, de São Paulo, arrisquei uma vaga na primeira equipe da revista *Veja*, em 1968. Consegui. Cinco anos cobrindo de variedades a religião, de esporte a economia, de polícia a política, e depois outros tantos editando negócios em *Banas* (revista de economia que já não existe) – assim, essa primeira década de profissão significou meu "mestrado" e "doutorado" em *hard news*.

Em 1978, passei a coordenar o caderno de marketing têxtil do *Noticiário da Moda*, então publicado pela Editora Abril para os profissionais da área. Dessa forma, pela porta dos negócios, entrei na área de moda – e ela nunca mais sairia dos meus planos. Da produção de fibras, tecidos, confecção até o varejo, a cadeia têxtil era, na época, o segundo setor a absorver mão de obra no Brasil, só perdendo para a construção civil. Dois anos depois, assumi a direção de redação do *Noticiário da Moda*; a seguir, a direção de *Claudia Moda*. Em setembro de 1988 veio o lançamento da *Elle Brasil*, e seguiram-se mais cinco anos de direção de redação. A última revista feminina onde trabalhei foi *Manequim*, e ali conheci uma repórter promissora, Danielle Ferraz. Ambas tecemos a teia de uma grande amizade, admiração recíproca e carinho fraterno, até hoje a nos unir, responsável inclusive por este livro. O tempo (vinte anos, mais precisamente) mostrou o acerto do meu julgamento: a repórter promissora transformou-se em profissional invejável.

Após décadas de relação diária, íntima e profunda com o universo feminino e o mundo da moda, guardo memórias de pessoas incríveis, além de valiosas lições do meu ofício. E uma certeza: lá de sua estrela, meu avô deve estar feliz com os frutos daquele seu velho tesouro de "papel pintado".

LIVROS QUE AMAMOS (E DOS QUAIS VOCÊ TAMBÉM PODE GOSTAR)

A roupa e a moda: uma história concisa
LAVER, James. São Paulo: Companhia das Letras, 1996.

Chanel
BAUDOT, François. São Paulo: Cosac Naify, 1999.

Chic: um guia básico de moda e estilo
KALIL, Glória. São Paulo: Editora Senac São Paulo, 1996.

Chic[érrimo]: moda e etiqueta em novo regime
KALIL, Glória. São Paulo: Códex, 2004.

Dior
Marie-France Pochna. São Paulo: Cosac Naify, 2000.

Dior for ever
ÖRMEN, Catherine. São Paulo: Editora Senac São Paulo, 2015.

Elegância: como o homem deve se vestir
BARROS, Fernando de. São Paulo: Negócio, 1997.

Fashion today
MCDOWELL, Colin. São Paulo: Nova York: Phaidon, 2000.

Fio a fio: tecidos, moda e linguagem
CHANTAIGNIER, Gilda. São Paulo: Estação das Letras, 2006.

História da moda do século XX
LEHNERT, Gertrud. Colônia: Könemann, 2001.

História da moda no Brasil: das influências às autorreferências
BRAGA, João e PRADO, Luís André do. São Paulo: Disal, 2013.

História das mulheres no Brasil
DEL PRIORE, Mary (org.) & BASSANEZI, Carla (coord. de textos). São Paulo: Contexto, 2007.

História do vestuário
KÖHLER, Carl. São Paulo: Martins Fontes, 2009.

How to live like a lady: lessons in life, manners and style
TOMCZAK, Sarah. Connecticut: The Lyons Press/Guilford, 2008.

Les grands moments de la moda: l'évolution du style
CAWTHORNE, Nigel *et al.* Courbevoie: Soline, 1998.

Love × Style × Life
DORÉ, Garance. Paris: Flammarion, 2015.

Moda & guerra: um retrato da França ocupada
VEILLON, Dominique. Rio de Janeiro: Zahar, 2001.

Moda e identidade: a construção de um estilo próprio
EMBACHER, Airton. São Paulo: Anhembi Morumbi, 1999.

Moda & inconsciente: olhar de uma psicanalista
EMBACHER, Airton. São Paulo: Anhembi Morumbi, 1999.

Moda do século
BAUDOT, François. São Paulo: Cosac Naify, 2002.

Moda: uma filosofia
SVENDSEN, Lars. Rio de Janeiro: Zahar, 2004.

O espírito das roupas: a moda do século dezenove
MELLO E SOUZA, Gilda de. São Paulo: Companhia das Letras. 2001.

O essencial: o que você precisa saber para viver com mais estilo
PASCOLATO, Costanza. São Paulo: Sextante, 2013.

O homem casual: a roupa do novo século
BARROS, Fernando de. São Paulo: Mandarim, 1998.

O império do efêmero: a moda e seu destino nas sociedades modernas
LIPOVETSKY, Gilles. São Paulo: Companhia das Letras, 2009.

Paris street style: a guide to effortless chic
THOMAS, Isabelle & VEYSSET, Frédérique. Nova York: Abrams Image, 2013.

Vítimas da moda?: como a criamos, por que a seguimos
ERNER, Guillaume. São Paulo: Editora Senac São Paulo, 2005.

agradecimentos

Gostaríamos de agradecer às seguintes pessoas, que foram muito importantes para a realização deste livro:

Alexandra Loras (modelo);

Amanda Luz Santos (modelo);

Anna Caroline Artagoitia Sanchez Glozan (produção executiva e produção de moda);

Danilo Stoqui (assistente de fotografia);

Decio Rocha (cabelo & maquiagem);

Helena Aparecida Cardoso Cordeiro (assistência geral);

Juliana Y. Matsuo Simão (modelo);

Michel Dantas Lazzari (maquiagem);

Paula Shayenne Cruz de Araújo (modelo);

Regiane Maria de Agostinho Hernandez (modelo);

Rodrigo de Anda (fotografia);

Soraya Steltenpool (modelo);

Vicky Semeghini Thummel (modelo).

Também agradecemos às marcas:

Alcaçuz;

Cléo Aidar;

Darling;

Mariana Ferraz;

My Gloss;

Nem;

P.S. Store;

Parfois;

Pitanga;

S.U. Closet;

Triya;

Troca de luxo.

E ainda ao:

Centro Universitário Senac;

Hotel Grand Mercure Ibirapuera;

Restaurante Aquarelle, em São Paulo, SP.

www.ingramcontent.com/pod-product-compliance
Lightning Source LLC
LaVergne TN
LVHW010420230826
846092LV00003BA/988
9786555362862